キャリアコンサルタントのためのカウンセリング入門

Introduction to Counseling for Career Consultants

杉原保史
Yasushi Sugihara

北大路書房

信頼に足るキャリアコンサルタントは何が違うのか。
クライエントの心の機微を察知し、未来への道を切り拓く技術について、
明確に言語化した実践書である。
社員のキャリア形成に本気で取り組む企業関係者も一読すべき1冊。

認定特定非営利活動法人 育て上げネット　理事長
工藤　啓

キャリアコンサルタントの苦労と努力に共感する
心理カウンセラーの情熱で、
キャリア支援の中心軸とカウンセリングの真髄とが、
見事に融和されていく。

追手門学院大学心理学部　教授
三川　俊樹

まえがき

キャリアカウンセリングは、現在、とても勢いのあるホットな領域です。同時に、そこにはかなりの混乱も見受けられます。

キャリアカウンセラーの多くは、キャリアコンサルタントの資格をベースにして活動しています。この資格は、平成十四年に厚生労働省の指定団体が発行する民間資格としてスタートし、平成二十八年に国家資格に格上げされました。さらに国は、平成三十六年までに、キャリアコンサルタントと、より上級の資格であるキャリアコンサルティング技能士を、累積十万人養成する計画を発表しています。このことは、この領域が、今、いかに活気づいているかを端的に示しています。

しかし、そもそもこの資格の名称が「キャリアカウンセラー」ではなく「キャリアコンサルタント」であることに混乱している人も多いでしょう。というのも、キャリアコンサルタントの資格をベースに働いている人の実際の相談業務のかなりの部分は、慣習的にも学術的にも「キャリアカウンセリング」と呼ばれてきたものに他ならないからです。にもかかわらず、資格名称は「キャリアカウンセラー」ではなく、「キャリアコンサルタント」なのです。

そうした相談業務は、確かに「心理カウンセリング」とは違います。ほとんどの場合、より積極的で能動的で、指示的な働きかけが必要です。それは相談の性質上、当然のことです。けれども、それもカウンセリングであることには違いありません。そこには、カウンセリングという名称で一世紀以上にわたって世界中で研究され、議論され、経験が蓄積されてきたものが大いに関わっています。その膨大な知のリソースに接触しないなら、わざわざ不利な立場に身を置いて仕事をすることになるだけです。

キャリアカウンセリングを深めていくためには、心理カウンセリングとも共通するカウンセリングの基礎的な知識や技術が必要です。本書の目的は、キャリアコンサルタントの方々が、カウンセリングを学び、深めていくことを支援することにあります。

さて、ここで簡単に本書の執筆に至った私自身の背景をお話ししておきましょう。

私は、心理カウンセラーであり、臨床心理士です。長年にわたって大学で学生相談をしてきました。学生相談ですから、その中で、当然、学生の進路や就職の悩みの相談も受けてきました。けれども、そうした相談を「キャリアカウンセリング」だと特に意識することもほぼありませんでしたし、自分自身をキャリアカウンセラーだと見なすようなアイデンティティもありませんでした。私の同業者の圧倒的多数がそうであるように、キャリアコンサルタントという資格ができたときにも、何ら特別な関心はありませんでした。

　ところが、数年前から私は、キャリアコンサルタントの資格養成講座に、一部、講師として関わるようになりました。またその講座を修了したキャリアコンサルタントの人たちの研修にも関わるようになりました。キャリアコンサルタントの方々と交流する機会、キャリアコンサルタントの方々の相談の実際を見聞きする機会も増えてきました。キャリアコンサルタントの方々の仕事上の悩みをお聞きする機会も増えました。そういう機会を通して、私は、キャリアコンサルタントのみなさんのご努力とご苦労、そして熱意を知ることになりました。

　キャリアコンサルタントのみなさんの実践をお聞きしていると、もう少しカウンセリングの知識や技術があれば、相談がもっと深まり、もっと有意義なものになっただろうにと思うことがよくあります。

　本書は、以上のような状況を背景として書かれました。本書は、心理カウンセラーとしての私自身の知識と経験を、キャリアコンサルタントの方々に分かりやすくお伝えしようとしたものです。

　本書は二部構成になっています。第1部は、あまり形式張らずに、今、現場のキャリアカウンセラーの方々にお伝えしたいと思うトピックを、思いつくまま書き連ねたものです。どこから読んでいただいても構いません。始めから順に読んでいただいても結構ですし、目についたトピックを拾い読みしていただいても結構です。第2部は、第1部で述べたことの背後にある理論を、もう少し系統立てて整理したものです。

私は本書を、キャリアコンサルタントやキャリアコンサルティング技能士の方々、またそれらの資格取得を目指す方々を意識して書きました。けれども、もちろん、資格にかかわらず、キャリアカウンセリングに関わる方々に幅広くお読みいただけるなら、そしてみなさんのキャリアカウンセリングの向上のために少しでも役立つなら、著者としてそれに勝る幸せはありません。

杉原保史

目次

まえがき

第1部　実際編 …… 13

1　キャリアカウンセラーの専門的援助 …… 14
2　心理カウンセリングとキャリアカウンセリング …… 17
3　カウンセリングの学び方 …… 22
4　カウンセラーの基本的態度 …… 27
5　傾聴はアクティブ・リスニングです …… 33
6　クライエントの自己受容を助ける …… 37
7　自己アピールと嘘 …… 43

8　クライエントと議論しない　48
9　何をしたいのかが分からないというクライエント　53
10　どうしても決められないクライエント　58
11　ラポールの形成　65
12　今ここへの注目　70
13　リファーのコツ　74
14　キャリアカウンセラーの現場　81
15　キャリアカウンセラーは社会の流動性を支える？　86
16　キャリア教育は勝ち組になるためのコーチング？　92
17　「留年は就職に不利」？　96
18　生活保護という困難　101
19　現代社会におけるキャリアカウンセリング　104
20　価値との接触を促進する　111

第2部　理論編 …… 115
1　心理カウンセリングの理論 …… 116
2　心理カウンセリングを大きく分類すると …… 119
3　もう少し、学派の整理 …… 125
4　行動療法　エクスポージャーの考え方 …… 131
5　行動療法　過剰な行動と過少な行動 …… 137
6　行動療法　具体的に訊く …… 140
7　認知行動療法　自動思考に気づく …… 143
8　解決志向アプローチ　解決イメージを構築する …… 148
9　解決志向アプローチ　解決イメージを関係の中に置く …… 154
10　来談者中心療法　ロジャースの三原則 …… 159
11　来談者中心療法　成長力への信頼 …… 167
12　精神分析　無意識の心理学 …… 172

13 精神分析 自由連想法と解釈……177
14 精神分析 抵抗の分析……182
15 精神分析 転移の分析……186
16 アドラー心理学……194
17 ユング心理学……202
18 統合的アプローチ……208
あとがき……212

第1部　実際編

第１部では、日頃、キャリアカウンセラーの方々と接する中でしばしば浮上する重要なトピックをあれこれ自由に論じています。心理カウンセリングの基礎にある見方や考え方、ちょっとしたヒントやコツなどを事例のエピソードをまじえながらやさしくお伝えしたいと思います。

1　キャリアカウンセラーの専門的援助

当然のことながら、キャリアカウンセラーは心理カウンセラーとは違います。キャリアカウンセラーは心理カウンセラーが通常しないようなさまざまな作業に取り組みます。キャリアカウンセラーは、職業、労働市場、職業能力開発、人事労務管理、労働関係法規、社会保障制度、などについてのアップ・トゥー・デートされた豊富な知識をもとに、クライエントの相談に応じます。クライエントに、雇用の「今」、職場の「今」に即した見通しと指針を与えます。

本書ではキャリアカウンセラーならではの専門的な援助とも言えるこのような作業については扱いません。私はその分野においては門外漢だからです。本書が扱っているのは、キャリアカウンセラーならではのこうした作業を効果的に運用するためのカウンセリング技術です。みなさんのキャリアカウンセラーならではの専門的な知識や技術がより効果的に活かされるよう、クライエントから話を聞き、有効な情報を引き出し、信頼関係を形成し、クライエントから動機づけを引き出し、高めていく技術です。

多くの場合、相談は単に知的で情報提供的なやり取りではありません。クライエントは何かしら困っているからこそ、相談に来ているのです。クライエントは好きで相談に来たわけではありません。やむを得ず相談に来たのです。たいていのクライエントは、カウンセラーに気持ちを汲んで欲しいという欲求を抱いています。人生の重要な岐路に立って重大な決断をする上で、支えとなって欲しいと願っていることでしょう。正解のない決断を一人で下していかねばならないとき、一緒にいて欲しいと願っているのです。自尊心を取り戻したいと願っているかもしれません。新しい生き方を模索するプロセスを助けて欲しいと願っているかもしれません。自分の人生に意味があったと認めて欲しいと願っている人もいるでしょう。そしてほとんどのクライエントは、自分の人生のストーリーに、しばし耳を傾けて欲しいと願っています。つまり、相談のやり取りは、たとえ表面的には知的で情報提供的なやり取りに見えるようなものであっても、本質的には非常に情動的なものであることが多いのです。

みなさんの現場では、こうしたクライエントの繊細な欲求に触れていく時間は許されていないかもしれません。けれども、もしみなさんがこうしたクライエントの欲求に目を向け、可能なだけでも、ほんの少しだけでも、それを重要なものとして認めるならば、クライエントとの関係は変化するでしょう。そのことが、みなさんのキャリアカウンセラーならではの作業を大いに促進します。

逆もまた言えます。そもそも、私のような心理カウンセラーがキャリアに関する相談を受ける場合には、当然のことながら、どうしても労働市場や労働関係法規や社会保障制度などの知識が頼りないので、その点でクライエントに実質的な支援ができません。クライエントも、そこに関しては私を頼りにできないと分かっています。その点、みなさんはキャリアカウンセラーならではの専門的な知識ゆえに、クライエントからの信頼を獲得しやすいでしょう。この信頼を基礎にしてカウンセリングのスキルを働かせれば、ことキャリアの相談に関しては私のような心理カウンセラーが同じスキルを働かせたとき以上の効果が生じるでしょう。

心理カウンセラーも、労働市場や労働関係法規などのキャリア関連の知識を持てば、クライエントのキャリアの問題により効果的に対応できるようになります。そればかりか、本来の心理相談もより深まっていくことが分かるでしょう。キャリアカウンセラーの場合も同じです。本来、この二つの仕事の間にはかなりの重なりがあります。そしてその限界を超えるところに関しては、お互いにリファーし合い、連携し合えばいいのです。けれども、クライエントの福祉を考えても、また自分たちの職業的成長を考えても、安易にリファーばかりせずに、足りない知識や能力を身につけていく努力を重ねることが望ましいと思います。リファーするにしても、相手の仕事をよく理解している方がうまくいくでしょう。

2　心理カウンセリングとキャリアカウンセリング

私の専門はいわゆる心理カウンセリングです。日々、さまざまな苦悩を抱えた人の相談をお聞きしています。その中には精神科医から何らかの診断を受けている人もいます。その意味では私の専門は治療的カウンセリングないしは心理療法だと言うこともできるかもしれません。しかし私がお会いする人の大半は病気ではありませんし、私は自分の仕事を単純に治療だと考えているわけではありません。相手の悩みをお聞きすることを通して、気づきを引き出し、人間的成長をサポートする仕事だと考えています。

キャリアカウンセリングは、そうした心理カウンセリングと、どのような関係にあるのでしょうか？

もしみなさんのキャリアカウンセリングが、単にクライエントの履歴書や求職票にある情報と、企業からの求人票にある情報とをマッチして紹介するだけのものであるなら、そのキャリアカウンセリングにはほとんど心理カウンセリングの要素はないと言えるでしょう。

でも、もしみなさんのキャリアカウンセリングが、クライエントの心の中の深い欲求や価値の探究に開かれたものであり、クライエントがこの社会でどのように自分の欲求や価値を具体的に実現していけばいいのかを模索し、それを実際に実現していく過程をサポートする作業を含むものであるならば、そのキャリアカウンセリングはかなりの程度、心理カウンセリングと重なりを持つものとなるでしょう。

キャリアカウンセリングとは、本来、単なる実際的な就職相談に尽きるものではありません。キャリアカウンセリングは「自分の可能性をどのように社会的に表現していくべきか」「この社会とどのように関わって生きていきたいか」「どのように仕事や家庭や地域社会での役割を担っていくことが自分にとって充実した価値ある生活となるか」といったクライエントの問いに取り組むカウンセリングであり、その答えを実際に実現していく過程をサポートするカウンセリングなのです。

そもそも、この分野の開拓者であるスーパーは、もう半世紀以上前に、キャリアカウンセリングを「自分自身にとっても満足であり、また、社会にとっても有益であるように、（クライエントの）自己概念を現実に転ずることを援助する過程」（Super, 1957）と定義しています。

つまり、キャリアカウンセリングとは、個人が社会にどう参加していくかをクライエントと一緒に考えていくことだとも言えるのです。

そのように考えれば、キャリアカウンセリングは、心理カウンセリングと大きな重なりを持つものだということが分かるでしょう。

にもかかわらず、現在の多くのキャリアカウンセラーには、心理カウンセリングとも共通するカウンセリングの基礎的な知識・技術を学ぶ機会が十分に与えられていないように思えます。そして、そのことが、相談に来たクライエントに対する援助がうまくいかない場合の重要な要因となっているように思えます。そのことはクライエントにとっても不満足なことですし、キャリアカウンセラーにとっても不満足なことでしょう。

「働きたくない」「どんな仕事にも就きたくない」というように訴えるクライエントがいるとします。そうしたクライエントにどう応じていいか分からず、「そんなこと言ってたら就職なんてできないよ」「もっと前向きに考えよう」などと言ってしまうかもしれません。

「内定をもらった二つの企業のどちらに決めていいか分からない」と迷いあぐねているクライエントがいるとします。それぞれのメリットとデメリットを一般論的に説いて聞かせてみても、なおその人が決められないとき、もうこれ以上は援助のしようがない、ということになってしまうかもしれません。

「私としてはベンチャー系の企業に就職したいんですけど、親が大手の企業にしておけって言うから、そうしようかな」と悩んでいる若者がいます。自分はベンチャー系がいいと明言しながらも、親の意向に沿った進路選択をしようとしているのです。このように矛盾した言動を示すクライエントを前にすると、混乱してしまい、「それはよくないよ」とお説教してしまうかもしれません。その結果、自分としては正しい指導をしたつもりなのに、クライエントは相談に来なくなってしまうのです。

こうしたクライエントは自分の手に余る「メンタルな問題のある」クライエントだから、心理カウンセラーにリファーするという方もいるでしょう。もちろん、自分の手に余るクライエントを適切な他の援助にリファーすることは大切です。でもそんなふうに考えていくと、キャリアカウンセラーの援助の対象はどんどん狭くなっていくのではないでしょうか。キャリアカウンセラー自らが援助の対象を狭めていき、尚早にリファーしてしまうケースが多くなっていくのではないでしょうか。

私自身、心理カウンセラーとして、そのように紹介されてきたクライエントと出会うことがあります。しかし、こうしたクライエントの悩みもキャリアの悩みなのです。クライエントの福祉を思えば「キャリアカウンセリングの現場に、こういうクライエントに対応できるカウンセラーがいてくれればよかったのになあ」というのが私の思いです。

私は決してリファーの重要性を否定するものではありません。ただ、キャリアカウンセラーのみなさんがカウンセリングの基礎的な力を高めていくことで、こうしたクライエントのキャリアの相談に少しでも対応できるようになっていって欲しいのです。その結果、リファーしないで、生産的に対応できるクライエントの範囲が少しずつでも広がっていくことを希望しているのです。

キャリアの悩みは、人生の悩みであり、どのように生きるべきかの悩みです。メンタルヘルスに問題を抱えている人も、キャリアの悩みを持ちます。キャリアの悩みがメンタルヘルスの不調を招いている場合もあるでしょう。キャリアの問題とメンタルヘルスの問題とはひとつながりのものであり、はっきりとは区別できない問題です。同じ一つのものを、社会との関わりという観点から見ればキャリアの問題になり、内的・主観的な観点から見ればメンタルヘルスの問題になるのだとも言えるでしょう。

キャリアカウンセラーも、もっとカウンセリングの基礎的な力を高めていけば、これまでとは違う対応ができるようになると思います。そういうキャリアカウンセラーこそが、今、現場で必要とされているのではないでしょうか。またそういうキャリアカウンセラーを目指すことで、みなさん自身が、この仕事にもっとやりがいを感じ、生き生きと取り組めるようにもなることでしょう。

3　カウンセリングの学び方

カウンセリングは、どうやって学んでいったらいいのでしょうか。本を読んで学ぶ。講義を聴く。ワークショップに参加する。これらは伝統的で基本的な学習方法であり、とても役に立つものです。これらなしにカウンセリングを学ぶことはできません。今みなさんが本書を読んでいること自体、みなさんのカウンセリングの学びの一部でしょう。本や講義にカウンセング学習上の意義がないなら、本書の存在意義もありません。

けれども、カウンセリングは単に知的なものではなく、体験的なものでもあります。カウンセリングにおいては、クライエントの表情や声や視線などから感情を感じ取り、それをもとに面接の流れの中でタイミングよく適切な言葉をかけていくことが大切です。また、適切な理解に立っていたとしても、それを具体的にどんな言葉で伝えるかによって、クライエントの反応はまったく変わってきます。どんな表情で、どんな声のトーンで、どんな視線で言うかによっても、クライエントの反応はやはり変わってきます。つまりカウンセリングにはかなりアート的な側面があるのです。

そのように考えるとき、本や講義やワークショップだけでは、カウンセリングを学ぶことは難しいということが理解できるでしょう。とりわけ、理論や技法の解説を読んだり聞いたりするだけでは、難しいでしょう。それらはカウンセリングを知的に理解する助けにはなりますが、実際にできるようにする助けにはなりにくいからです。

それらによって得た理解を、実際にできるようにしていく練習が必要です。そして練習を実践へとつなげ、その完成度を高めていく訓練が必要なのです。

本を読むにしても、理論や技法の解説だけでなく、実際の事例を読んで学ぶことが必要です。研修会でも、講義だけでなく、実際の事例に基づいた研修会が必要です。いわゆる事例検討会のような、一つの事例をじっくり検討する会はとても勉強になります。事例報告者は、プライバシー情報の具体的詳細は伏せて、個人が特定できないようにしながら、できるだけありのままに事例の経過を報告します。それを参加者がみんなでさまざまな角度から検討してみるのです。初学者だけでは生産的な議論ができず、堂々巡りになりがちですから、指導的な立場の人に入ってもらって行う方がよいでしょう。こうした研修はカウンセリングを学ぶ上で、とても貴重な機会となります。

また、カウンセリングがアート的な要素を持つものである以上、その修得には、単に指導者の意見を聞くだけではなく、実際に上級者の面接を見てみることが必要だと思います。上級者の面接に陪席させてもらう、マジック・ミラーから観察するなどの機会が得られれば、とても役に立つでしょう。それが難しい場合には、市販されている教材ビデオを見るのでも、相当、役立ちます。あるいは、教育的な意味で自らカウンセリングを受けてみるというのも、役に立つかもしれません。精神分析の流れを汲む学派の多くでは、分析家資格を得るために、一定時間、自ら分析を受けることが必須となっています。こうした分析は「教育分析」と呼ばれます。

最終的には、カウンセリングを学び、上達するためには、やはり実際にやってみることが一番です。実際にやってみて、クライエントから学ぶのが、カウンセリングの学びの王道です。クライエントから学ぶと言っても、クライエントに直接教えてもらうわけではありません。クライエントがカウンセリングによって生き生きしてくるか、声に張りが出てくるか、背筋が伸びてくるか、面接に手応えが感じられるか、カウンセラー自身もクライエントとの面接を興味深く感じるか、クライエントとの間に温かな絆を感じるか、といったことによって、自分のカウンセリングがこれでよいのかを知るということです。本に書いてある通りにやっているからこれでいいとか、指導者がこれでいいと言っているからこれでいいとか、指導者がこれではいけないと言っているからこれではいけないとか、そういうふうに本や指導者から教わったことに閉ざされていてはダメです。クライエントの反応から、直接、学びましょう。それこそが最高の学びなのです。本や指導者から学ぶことも重要ですが、クライエントの反応から得られる学びはそれとは次元が違います。クライエントから直接に学ぶことができるカウンセラーこそ、力強く成長していくカウンセラーです。しかしこれは、本や指導者からの学びを無視してよいということではありません。クライエントの反応に導かれながら、それと本や指導者から教わったことを織り合わせていく努力が必要なのです。

ロール・プレイの実習をやった後で、クライエント役の人との振り返りをそっちのけにして、講師である私に「カウンセラーとして、こんなふうに応答したんですが、それでよかったんでしょうか?」と尋ねる人がたまにおられます。その人は、クライエント役をやった相手が目の前にいるにもかかわらず、講師である私から応答の適切性について教わろうとしているのです。これでは、まるで、料理教室で、料理を作って試食してもらいながら、その相手に美味しいかどうかを尋ねずに、料理教室の講師に美味しいかどうかを尋ねているようなものです。その応答がよかったのかどうかは、それが相手にどんなふうに体験されたのかを、その相手の反応をよく観察して学ぶことが第一です。実習なら、相手に直接尋ねることも許されていることでしょう。講師からの学びは、あくまでそれに基づき、それを深めていくためにあるのです。それに代わるものでは決してありません。

カウンセリングの実践において、実際にやってみて、その上でそれに基づき、それを深めるための指導は「スーパーヴィジョン」と呼ばれます。キャリアカウンセラーの世界でもスーパーヴィジョンは大事です。厚生労働省の「キャリアコンサルティング実施のために必要な能力体系」にも、「スーパーヴィジョンを受けることの必要性を認識していること」という記載が見受けられます。しかし、実際のところ、キャリアカウンセラーの世界には、まだまだスーパーヴィジョンという学び方はあまり浸透していないようです。これから充実させていくことが必要な学びのモードです。

4　カウンセラーの基本的態度

カウンセラーの備えておくべき基本的な態度についてお話ししてみたいと思います。カウンセラーはクライエントの話を受容的な態度で聴くことが基本です。ここで受容とは、クライエントの話を、クライエントが意味するように、クライエントの体験を追体験するように、クライエントに寄り添うように聴くということです。クライエントはこのように感じたんだ、このように思ったんだ、このような体験をしたんだと、理解するように聴くことです。

クライエントが「やる気が出ないんです」と話すのであれば、「ああ、やる気が出ないんですね」というように、クライエントが「どうしていいか分からないんです」と言うのであれば「どうしていいのか分からないんだな」というように、受けとめて聴いていくのです。

注意して欲しいのは、そこには価値判断や、正誤の判断は含まれないということです。つまり受容は、クライエントの話の内容を肯定することではないということです。カウンセラーは、まずは非審判的な態度でクライエントの話を聴きます。よいとか悪いとか、正しいとか間違っているとかいう判断はさておき、ともかくクライエントはこう考え、こう感じているんだということをただ受け取るように話を聴くのです。

これは「肯定的」な態度を取らないでいいという意味ではありません。ここで私が言っているのは、クライエントの「話の内容」を肯定も否定もしないということです。クライエントが「率直に話してくれた」ということ、その行為は全面的に肯定します。

カウンセラーがそのような態度を体現できて初めて、クライエントは安心して心を開いて話すことができるようになります。カウンセリングにおいては、何と言っても、クライエントに心を自由にして語ってもらうことが重要です。カウンセリングではクライエントが何を感じているのか、何を考え、何を欲しているのか、クライエント自身にとってさえ、不確かなところを探っていく必要があります。クライエント自身が何を感じ、何を考え、何を欲しているのか。これは、クライエント本人にしかアクセスできないデータです。他の誰にも代わりに感じてあげることはできません。レントゲンやＣＴスキャンやＭＲＩで見極めることもできません。クライエント自身がそこに注意を向けて感じ取ることでしか得られないデータなのです。

しかも、クライエントがそこに注意を向けて何かを感じたとしても、感じたことを適切に表す言葉を持っているとは限りません。カウンセラーの側が、伝わってくる兆候を手がかりにしながら、それを言葉にして投げかけてみることで、徐々に形をなしていくような体験であることもしばしばです。

課長に昇進してから、仕事がつらくなってきて、退職まで考えるようになったという五〇代の男性の相談場面を見てみましょう。

「課長になってから、どうも仕事がうまくいってないんです。もう早期退職した方がいいのかなと思い始めていて…。どうなんでしょうか。部下を統率することができなくて。馬鹿にされているような気がするんです。これまでは経理の仕事をしていて、どういうわけか、課長にはなったんですが、この歳で営業の方に回されて」

「昇進したものの、経理の仕事から営業の仕事に変わって、だいぶん、戸惑っておられるんですね」

「はい、部下もついてこないし。馬鹿にされているような気がするんです」

「馬鹿にされているような気がする。それはストレスですね」

「ええ、もう逃げ出したくなります。もっと上からビシッと言えたらいいんですが」

「上からビシッと。ふむ。どんなふうに言いたいですか？」

「(張りのある声で）馬鹿にするな！　これでも俺は課長なんだぞ！　少しは上の者に敬意を払ったらどうだ！　…（急にしゅんとして）でも言えません。仕事もろくに憶えられていないのに。馬鹿にされても当然の課長なんです」

「ずいぶん腹が立っているんですね。それが伝わってきました。今、馬鹿にするなって言ってみてどうでしたか？」

「ええ、ちょっとすっきりしました。でも、自分でもこんなに腹が立っていたんだって、ちょっと驚きました。こんなにため込んでいたんだって。怖くなりました」

「もっと敬意を払って欲しいって切実に思ってるんですね。課長として部下からの尊敬を得たいってすごく願っている」

「そうです。本当は仕事ができることで、ちゃんと尊敬を得たいんです。尊敬しろよって怒るんじゃなくて、仕事ができることで、自然と尊敬される課長になりたいです。経理係長をしていたときは、それなりにそうできていたと思うんです。今はそれができていない。営業の仕事ができない自分が自分で情けないんです」

「部下が馬鹿にしているというより、それ以前に、自分で自分を責めているんですね。そしてあせっている。仕事ができる自分でありたいと」

「ええ、本当は、分かってるんです。馬鹿にされて当然なんです。部下に申し訳ないと思ってます。こんな課長で」

「すごく自分を責めているんですね。仕事ができなくちゃならないと。自分にプレッシャーをかけているみたいです。課長なんだからという思いもあるのかもしれません」

「課長になって、すごく頑張らなくちゃと思いました。でも経理課長じゃなくて、営業課長なんです。これはきついなあと思いました。周りの人は、勉強しながらやっていったらいいと言うのですが…」

「そういうふうにのんびりなんてしていられない、早く一人前のリーダーにならないと、という感じですね」

「ええ…周りの人が言うように、もうちょっと部下に助けてもらいながら、ゆっくりやってもいいんですかねえ。それがどうも…」

「部下に助けてもらうのはどんな感じですか？」

「なんか苦手で。頼りないやつだと思われていないかとか、こんなことも知らないのかと馬鹿にされていないかとか、そういうことばっかり考えてしまって…」

「うーん。部下に助けてもらうのが、なんか苦手なんですね。助けてもらうことで馬鹿にされていないかと不安になるので、つい一人で頑張ろうと無理をしてしまうところがあるのかもしれませんね。上手に助けてもらえるようになるといいですね」

「ああ。そう言われてみると、助けてもらうことが苦手なので、避けてきたように思います。課長になってからは、課長なんだからという力みから、余計にそうなっていたかもしれません。もうちょっと肩の力を抜いて、部下に頼ってみてもいいのかもしれませんね」

右の対話において、カウンセラーは基本的にクライエントの発言を受けとめるように、クライエントの表情や声にも注意を向けて感じ取るように、聴いています。そしてそこで受け取ったことをありのままにフィードバックしています。そして、場面によっては、明確な焦点を持った質問を投げかけることで、クライエントの注意をはっきりと方向づけています。

ここでカウンセラーのしている作業は、ほぼ、クライエントに自分の感じていることや考えていることを明確にしていくことだけ、心の世界を探索するよう助けているだけです。そういう作業をただじっくり重ねていけば、クライエントはしばしば自ら道を見出していきます。

5　傾聴はアクティブ・リスニングです

傾聴がただの聞き流しになっていませんか？　カウンセラー本人は傾聴しているつもりでも、私から見ると、ただ聞くだけの残念な傾聴になっている場合がよくあります。傾聴はアクティブ・リスニングとも呼ばれるように、積極的な心の活動です。心を自由にしてイマジネーションが自然に湧いてくるままにします。クライエントのために自分の心を用います。クライエントにお説教をしたり、クライエントを評価したり、クライエントに尚早なアドバイスを与えたりせずにしっかりと受けとめるように聴くという意味では、傾聴は、受け身的な外見をまとっています。けれども、良質な傾聴をしているカウンセラーの心の中はとても生き生きと活発に働いているものです。決して受け身ではありません。

たとえば、最近、仕事に行こうとしても、朝、どうしても起きられず、休みがちになってきてしまい、上司に勧められて相談に来たという五〇代の男性がいるとします。話を聴くと、長年、工場の現場で油にまみれて働いてきたけれども、一年ほど前に配置換えになり、事務所でパソコンに向かって伝票を打ち込む仕事になったというのです。工場での仕事が好きで、その仕事をしていたときにはやりがいも感じていたし楽しかったと言います。それが一年ほど前の配置換えで、全然違う仕事になってしまったと言うのです。彼は「同僚の中には、そのまま退職に追い込まれた人もけっこういるんですよ。自分はまだ首がつながったので、よかった方なんです。なのにこんなことになってしまって…」と神妙な表情で話します。

こういうとき、「そうなんですか」「ふーん」「あぁ、なるほどねー」という調子でただ受身的に聞いているだけでは、アクティブ・リスニングとは言えないでしょう。もちろん、個人的な興味や関心からあれこれ詮索するのがアクティブ・リスニングではありません。けれども、クライエントの話を共感的に傾聴していると、カウンセラーの心にはいろいろな思いが湧いてくるはずです。さまざまなイマジネーションが喚起されるでしょう。その中には、クライエントにとって助けになりそうなものもあるでしょう。たとえば、クライエントは配置換えになって、さぞショックだっただろうなという想像が湧いてくるかもしれません。そこで、クライエントに尋ねてみます。

「配置換えの知らせを聞いたとき、どんなふうに感じられましたか?」

「そうですね。驚きましたね。そもそも、定年までずっと工場で働くって思ってましたから。就職したときに、そう思ってましたから。まさかそんな自分がオフィスでスーツを着てコンピューターに向かって伝票を打ち込むような仕事をするなんて思ってもみませんでした」

「だったら、それはショックだったでしょうね。つまりその、異動先がどうという以前に、異動があるってこと自体がまずショックだった。そんなことありえないっていう前提で長年勤めていた。その世界観が崩れたってことですからね。その喪失感は大きかったでしょうね」

「あー、喪失感。そうですね。そんなふうには、思ったことありませんでしたけど、そう言われると、確かに喪失感ですね。うーん」

「それだけの喪失感を抱えながら、よくこの一年あまり、新しい慣れない職場で、頑張ってこられましたね。必死だったんでしょうね」

「(涙ぐみながら) はい。とにかく、辞めさせられた同僚の分まで頑張ろうと。ここで何とかやっていかないとと、必死でした。もう右も左も分からなくて。この歳でこんな新しいことを憶えようったって、なかなか憶えられないんですよ。いい恥さらしですよ。でもそんなこと言ってられない。まだ娘が高校生ですし。ここで辞めるわけにはいかないんです」

「それだけの喪失感を抱えて、本来ならそこでかなり憂うつになっても自然なところですが、そんな状態には陥ってはいられないと、必死で新しい職場に適応しようと頑張ってきた。いわば火事場の馬鹿力で頑張ってきた。でも、火事場の馬鹿力はあくまで火事場だけですからねぇ。ずっとはもちませんよねぇ。朝、起きられないほどしんどくなるのも、むしろ自然で健康な反応として理解できますね」

「(涙ぐんで）どうしても、朝、起きられなくて。何でなんだろう。会社に行かなくちゃいけないのに、何で動けないいんだ。何で自分はこんなにダメなんだろう、なんて情けないいんだろうって、思ってました」

こうした対話の中で、カウンセラーがしているのは、傾聴です。このように傾聴は、情動への接触を促進し、情動表現を促進し、自尊心を回復するのに役立ちます。傾聴はとても活発なものです。決してただ受動的なだけのものではありません。

6　クライエントの自己受容を助ける

カウンセリングはとても多元的な援助です。カウンセラーの仕事は単線的なものではなく、常に複線的なものです。カウンセラーはクライエントを安心させたり、リラックスさせたり、新しい情報や新しい見方を与えたり、励ましたり、勇気づけたり、希望を与えたりします。けれども、カウンセラーが与える援助の中でも、最も難しく、最も貴重なものは、クライエントの心の中にあってクライエントにしか接触できず、しかもクライエント自身も怖くて接触し難くなっている領域に接触していけるよう優しく助ける援助でしょう。

クライエント自身が自らのある特定の気持ちの存在を否定し、その存在を恐れ、それとの接触を避けようとすることから、さまざまな問題が発生してきます。もちろん、それはキャリア上の問題としても現れてきます。

私はカウンセリングの研修会で、よく傾聴の実習を行います。参加者には話し手役と聴き手役のペアになってもらい、話し手役が話すのを聴き手役が傾聴するのです。その際、現実のキャリア相談の場面設定ではなく、空想の遊びを取り入れた設定で行うことがあります。話し手に、人間以外の何かになったとイメージしてもらった上で話してもらうのです。そうやって数分間、傾聴の練習をします。そのようなイメージの遊びを取り入れることで、傾聴の持つ可能性が短時間でより理解されやすくなると考えているからです。

私が聴き手役のデモンストレーションをしたときに、ある四〇代男性の受講生は、猫になって話してくれました。彼の話を少し紹介してみましょう。その空想的な対話の中に、右に述べてきたようなことが見て取れるでしょう。

「私は家猫なんですけど、最近は飼い主からあんまり可愛がられてなくて。けっこう放ったらかしなんですよ。それで、窓の外を通る野良猫を見ると、こんな家にいるよりも、家出してしまおうかなって思うんです。野良猫は自由でしょ。いいですよね。どうせこの家にいても放ったらかしにされているだけなんだし、野良猫になった方が楽しい人生なんじゃないかって思うんです。人生、一度は自由気ままに生きてみたいなあって憧れるんです。でも勇気がなくて。家にいると、きちんと毎日餌が出てくるじゃないですか。家出して野良猫になるとそれがなくなるから…。やっていけるのかなあって…。家出する勇気が出ないんです」

この猫さんは、いわばフリーランス（野良猫）になりたいという憧れの気持ちと、不遇なりに安定した雇用（家猫）の中に留まっていたい気持ちとの間で揺れているわけです。けれども、両方の気持ちに等しく魅力を感じていて引き裂かれているというわけではないようです。彼はフリーランスになりたい気持ちの方を肯定的に価値づけていて、安定した雇用の中に留まりたい気持ちをいわば臆病なものとして低く価値づけているように聞こえます。

このように葛藤を抱いている人の話を聴く場合には、差しあたり葛藤の両面を描き出すようにリフレクション（反射）することが有用です。

「あなたは、一方では野良猫は自由でいいなあ、野良猫になりたいなあって思ってるんですね。そしてその一方では、餌がちゃんと安定して出てくる家猫も捨てがたいなあって思ってるんですね。その二つの気持ちの間で揺れているんですね」

その上で、彼が片方の気持ちを肯定的に、片方の気持ちを否定的に見ていることを扱うことへと進みます。

「でも、お聞きしていると、どこかあなたは、野良猫になるべきだって感じているようにも聞こえます。そうするべきなのに、それがいいことだって気がするのに、そうできない自分がいる。家猫であることを居心地よく感じる自分はダメな自分だって感じているみたいに聞こえます」

「そうなんです。安定にしがみついている。そんなのはなんか格好悪いような気がします。家猫でいるのは、前みたいに飼い主から可愛がられていたら居心地いいですけど、今は必ずしもそんなにすごく居心地いいわけではないんですよ。でも家猫であるかぎり、餌が安定して出てくるわけで、そこが捨てがたい。ただそれだけの理由で家猫の地位にしがみついている。そのことが、自分で情けないんです。自分に誇りを持っているのならば、野良猫になるべき状況なんじゃないかと思うんです。それなのに勇気がないから安定した餌のために家猫にしがみついているだけなんじゃないかと思うんです」

「自分を責めているんですね。餌が安定して出てくるってことの価値を、独立していて自由気ままであることの価値よりも優先するような自分は、誇りがなくて、ダメな自分だっていう気がするんですね。どうも、そんな自分はダメだって責める結果、野良猫にならなくちゃいけないような気がしてくるみたいです。あなたは野良猫になりたいんでしょうか？　それとも、今の自分をダメだって責める結果、野良猫にならなくちゃいけないっていう感じがしているのでしょうか？」

「ああ、そうですね。そう言われてみると…うーん、野良猫になりたいっていう気持ちがゼロではないですが、野良猫にならなくちゃいけないっていう気持ちの方が大きいかもしれないですね。今の自分が嫌なんですね。あんまり大事にもされていないのに、安定して餌が出てくるからってことで、今の状態に留まっている自分が嫌なんです」

「大事にされていないのに、今の状態に留まっている自分が嫌。大事にされていないいんだから、出て行ってやるって言いたい感じでしょうか？」

「そうですね。こんな家、いつでも出て行ってやるよって言いたいです。でも言えない。勇気がないから。餌がもらえなくなると生活できないし」

「あなたのお話をお聞きしていても、野良猫になりたいという積極的な気持ちはあまり伝わってきませんね。それよりも、大事にされていないことへの不満の表現として、家を出て行くという考えが浮かんでいるように聞こえました」

「大事にされていないんです。もっと構って欲しいんですよね。前はもっと構ってくれていたのに。それが不満なんです」

このように、クライエントの気持ちを受けとめるように、整理するように、そしてクライエント自身が振り返ることができるように、聴いていきます。クライエントが自分自身の心のひだに注意を向け、自分自身の感じていることをはっきりさせ、自分自身に気づいていけるように、聴いていきます。

何か特別な知識を伝えたり、教えたりすることが必要なのではありません。基本は、ただクライエントの心の動きをなぞるようにして描き出し、伝えていくことです。

この場合、クライエントは積極的に野良猫になりたいわけではなく、ならないといけないような気がするのだということに気がつきました。クライエントにとって、野良猫になることは、今、大事にされていないことで感じている不満を表現する方法なのです。つまり、このキャリアの問題は、飼い主との関係における不満や、現状では誇りを傷つけられているという気持ちと大きな関わりがあるのだろうということです。

この猫さんは、飼い主にもっと構って欲しいという気持ちに触れることをどこか回避し、その代わりにいっそ家出しようと考えていたように思えます。もっと構って欲しいという気持ちに安心して触れることができるようになり、表現することができるようになれば、構ってもらえるようになり、家出を考える必要はなくなるかもしれません。あるいは、やっぱり構ってくれないんだという現実認識が深まり、悲嘆のプロセスにもっとしっかり入っていくことになるのかもしれません。そして、その結果、家を出て行く決心がつくのかもしれません。

いずれにせよ、大事なのは、「飼い主にもっと構って欲しい」という気持ちに安心して触れていくことを援助することです。その気持ちに触れるのを避け、その気持ちを裏口から満たす手段として家出するというような、ややこしいことをしないですむように援助することです。

7　自己アピールと嘘

クライエントの中には、自己アピールが苦手だと言う人がしばしばいます。嘘をついているような気がするというのです。本当の自分はそんなによいものじゃないのに、嘘をついて過剰によく見せているような気がするというのです。もし、そんな嘘をついて入社できたとしても、入社後すぐに、そんな薄っぺらな嘘はばれてしまうだろう。だったら最初からそんな嘘はつかない方がましだ。彼らの言い分はそんな感じです。

そういうクライエントは、自分には長所はないと言いますし、これまでに達成してきたこともこれと言ってないと言います。志望動機もさほど積極的なものはないと言います。ですから、エントリーシートやジョブカードがなかなか書けません。

こういう人は、基本的には、実直で誠実なよい人柄であると言えます。どちらかと言うと、融通が利かないほどまじめすぎるかもしれませんが、決して悪いことのできない質です。不正経理、横領、二重帳簿、脱税、などなどといったごまかしを受け付けないタイプです。

現在の採用方針はいわゆる「コミュニケーション力」を重視するあまり、こういう人を低く評価しすぎだと思います。その結果、口はうまいけれども、地味にこつこつ働くのは嫌がるような人が採用されやすくなっています。もちろん、口がうまい人も必要です。けれども、実際に社会を支えているのは、黙ってこつこつまじめに働いている人たちなのです。組織にはこういう人こそが必要なはずです。にもかかわらず、しっかりとした業績があるけれども、それを流ちょうに説明してスマートにアピールできない人はなかなか内定が取れません。企業や官公庁には、自己アピールができない人を、自己アピールができないというまさにその点において評価し、採用するような力量ある人事を期待したいものです。

とはいえ、組織の採用方針がすぐには変化しないとしたら、こうしたクライエントが少しでも自己アピールできるよう、どのように援助していけばいいでしょうか？

まず、クライエントに自己アピールをしようとすると、どのような感じがするのかをじっくりと探ってもらいます。落ち着いて感じてもらうのです。このとき大事なのは、援助者がクライエントに自己アピールさせようとあせらないことです。自己アピールするかしないかは完全にクライエントの自由であり、クライエントに委ねます。自己アピールできないことは、現在の企業の採用方針では評価されないけれども、なおクライエントの人格的な美点であり、クライエントは自己アピールなどしないままでもいいのだと保証してもいいでしょう。クライエントに自己アピールに向けて何らのプレッシャーもかけないようにします。その上で、自己アピールをしようとすると、どんな感じがするのか、心の中をじっくり探ってもらいます。

たとえば、自分の長所を認めてみる。人から褒められたときの言葉を自分自身にかけてみる。自分の達成したことをありのままに認めてみる。そうすると、多くのクライエントは何か落ち着かない感じ、穏やかでない感じ、あせる感じを報告します。その感じをじっくりと味わってもらいます。その感じを反射的に避けずに、その感じとともに留まるようにしてもらいます。そうしたクライエントにとって、自己アピールができるようになるには、その穏やかならぬ感じと親しみ、留まり、ともにいることが必要なのです。

もっと複雑な反応が出てくる人もあります。自分の長所や、人から褒められた点や、明らかな達成を自分に認めたとき、彼らの心の中に、じわーっと喜ばしい気持ちが溢れてきます。しかしそれと同時に、心の中に「それぐらいのことで大喜びして」「調子に乗ってるんじゃないよ」「いい気になるな」などという厳しい批判の声が響くのです。そして強い心の痛みを感じてしゅんとなってしまう。そうしたクライエントにとって、自らの達成を喜ぶことは危険なことなのです。というのも、達成を認めて浮かれてしまうと、天国から地獄へと真っ逆さまに突き落とされてしまう結果になるからです。それはとても恐ろしいことなので、そんなことになるぐらいなら最初から達成を喜ばない方がましなのです。最初から達成を喜ばなければ、少なくとも天国から地獄に突き落とされる痛みは味わわないですみます。褒め言葉を真に受けず、達成を喜ばないようにしているのは、その痛みを避けるための予防措置なのです。

ではこうしたクライエントが自分の長所を認めたり、自分の達成を認めたりするにはどうしたらいいのでしょうか？

まずはこうしたパターンを穏やかに認識することです。ほとんどのクライエントは、カウンセラーとともにじっくりとこうした作業に取り組むまで、自分がこのようなパターンを持っていることに自覚がありません。彼らは、自己アピールできないことが、実はそうしたパターンの表れであることに自覚がありません。そしてただ自己アピールすることは嘘をつくことだからしたくないという理由で理論武装して、このパターンを守ろうとしているのです。

ですから、こうしたパターンをクライエントとともに、落ち着いて、ありのままに認識しましょう。そうすれば、自然と、達成の喜びを受け容れ、味わうことが目標となるでしょう。「調子に乗ってるんじゃないよ」などという心の中の批判の声にまともに取り合わないで、それを軽く受け流せるようになることが目標になるでしょう。そのようにはっきりと意識的に目標設定することで、心の中の批判の声との新しいつきあい方が確立されていくのです。

他にも、いろいろなヴァリエーションはありますけれども、自己アピールのできないクライエントが自己アピールをできるようになり、エントリーシートを堂々と記入できるようになるには、おおよそここに述べたような作業が必要になることが多いでしょう。

もしかすると、このような作業は、キャリアカウンセリングの範囲を超えるものだと思う読者がいるかもしれません。そうした読者は、このような作業は、心理カウンセリングやメンタル・ヘルスの領域に属するものだと考えるのかもしれません。

しかし、こうしたクライエントが、精神医学的に「病気」だとは言えないと思います。このような状態までをも病気だとするのは、医療化の行きすぎでしょう。このような状態のクライエントをしっかり扱えるキャリアカウンセラーがいてもいいんじゃないかと私は思います。現状において、就職活動でこうした悩みを抱え、そのために活動が滞っているクライエントはかなりたくさんいます。彼らの就職活動の支援のまさにその現場で、こうした作業がなされれば、大いに役立つことでしょう。そして実際、そのような援助ができるキャリアカウンセラーも現実に存在しているのです。

8　クライエントと議論しない

カウンセリングのさまざまな方法の中には、クライエントとあからさまに議論し、クライエントを論駁するというやり方もあります。けれども、それは非常に共感的で理解的な関わりを前提としたものです。その上であえてクライエントの不合理で不健康な考えに対して、温かく、しかしあえてはっきりとチャレンジしていくのです。単に批判的なトーンでクライエントの問題を指摘するのではありません。そのことをしっかり認識しておくことが重要です。

そうした方法もある一方で、オーソドックスなカウンセリングの主流となっているやり方では、カウンセラーは、普通、クライエントと議論しません。もし仮にクライエントと議論になっているのに気づいたら、それは本来のルートから逸れている事態として捉えられます。

悩みの相談の場面で、通常、素人の相談者は、相手と議論になったり、相手にお説教を垂れたりしてしまいがちです。しかしこれは不都合な結果をもたらすことが多いのです。そのことは誰しも経験によって知っているのではないでしょうか。

自分はつまらない人間だと言っている人に、そんなことないよ、君は素敵な人間だよといくら説得しようとしてみても、そうしようとすればするほど、相手は、いかに自分がつまらない人間であるかを、ますますこまごまとしたエピソードを挙げて主張し始めるということはないでしょうか。そして、あなたがそれにまた反論しようとすればするほど、さらに相手も反論しようとし、平行線の議論がエスカレートしながら延々と続いてしまうということはないでしょうか。こうしたやり取りの中で、最初は相手の悩みを聴いて少しでも力になろう、励ましてあげようと思っていたのに、だんだんと相手に腹が立ってきて、最後には相手を叩きのめしてやりたくなっている、なんていうこともあるかもしれません。

それに加えて、こうしたやり取りの中では、相手は「自分はとてもつまらない人間である」という主張を一生懸命に訴え、その主張の正しさを説得しようとする立場でずっと話し続けることになります。そんな作業に従事していたら、ますます自分はつまらない人間だという信念が強まってしまうのです。つまり、その対話は、聴き手の説得的な意図とは裏腹に、自分はつまらない人間だという相手の信念をさらに強めてしまうのです。

ですから、いくら自分にとっては相手にとってためになると思える「正しい」主張でも、議論はしない、説得はしない方がいいのです。

とはいえ、カウンセリングは相手に影響を与えて、相手の考え方や態度や行動や感情を変化させるための対話です。だから、議論はしない、説得はしないと言っても、それは「あからさまな議論」や「力づくの説得」のことです。カウンセリングは、非常に間接的で、はっきりとした輪郭を持たない、微妙で穏やかな説得だとも言えます。ただし説得といっても、それは単にカウンセラーの思い通りに一方的にクライエントを動かすということではありません。カウンセリングにおいては、クライエントのことをより深く理解することと、クライエントを変化させることとが、一体となっているからです。

クライエントの心の動きに沿い、クライエントの心の動きに従い、それに合わせながら、少し力を添えます。そして、その反応に沿い、従い、それに合わせながら、また少し力を添えます。そうやってクライエントの中から出てくる動きと、カウンセラーの動きとを合わせていきます。そうしながら、もはやどちらが生み出した動きなのか、どちらにも分からないような動きを二人で作っていくのです。

クライエントが、自分は価値のない人間だと言えば、「そうなんだ。あなたは価値がない人間なんだ、そう感じてるんだね」と受けとめます。ときには、「何の価値もない人間だとしか感じられないんだね」と誇張して返すことさえするでしょう。するとクライエントは、「そんなことは言っていない」と反発してくるかもしれません。そうするとカウンセラーは「えっ、そうなの？」と尋ねていくことができるでしょう。そのとき、クライエントは自分にも価値があると感じられている部分について、話してくれるかもしれません。

自滅的なやり方でアルコールを飲んでいる人、ゲームやネットがやめられない人、ギャンブルがやめられない人に、そうした破滅的行動をやめるよう説得しても、なかなかうまくいかないことが多いでしょう。それよりも、どんなときにそういう行動をしたくなるのか、そういう行動を取る直前にはどんな気持ちや考えがあるのかを尋ねてみましょう。たいていの場合、何らかの不安な気分、イライラ、無力感、憂うつ感などがあり、そこから逃れるために駆り立てられるようにして問題行動に走っているのです。そうした心の動きを、こちらから指摘するのではなく、クライエント自身が自分で発見するように振り返ります。そして、問題行動がそうした不快な気分を追い払うために役立っていることを認めます。クライエントにとって、そうした不快な気分がいかに耐えがたいかを聴き、それに共感します。

それができて初めて、クライエントは自分から「だからって、いつまでもこんなことしていてはダメなんです」と言い出すものです。

つまり、カウンセリングはダンスのようなものです。あるいはジャズ・アンサンブルのインプロヴィゼーション(即興演奏)のようなものです。相手の動きに合わせながら、こちらもちょっとした動きを加え、お互いに反応し合いながら一つのプロセスを作っていきます。そうやって共同でクリエイティブなムーブメントを作り出していくのです。

9　何をしたいのかが分からないというクライエント

私のところには、就職しようと思うのだが、自分が何をしたいのかが分からないという学生がよく相談に来ます。あるいは、就活がうまくいかなくて、長く就活をしているうちに、だんだんと自分が何をしたいのかが分からなくなってきたという人もいます。そういう学生の話を聞いていると、その人の思い描く将来のイメージが、国家公務員なのか、地方公務員なのか、民間の大企業なのか、中小企業なのか、どういう業界に行きたいのか、どういう職種に就きたいのか、転勤も残業もいとわずバリバリ働きたいのか、出世は気にせずローカルに緩く働きたいのか、千々に乱れてよく分かりません。

こういう方の話を聞き、就職できるよう援助することもキャリアカウンセラーに期待される重要な仕事だと思います。彼らはまさに就職という課題でつまずいているのであり、就職の支援が必要な人たちなのです。彼らは決して就職がしたくないわけではありませんし、駄々をこねているわけでもありません。就職したいけれども、それがうまくできなくて困っており、援助を求めているのです。

こうしたクライエントにうまく対応できないと感じているキャリアカウンセラーもかなりいるのではないでしょうか。実際、それは簡単な仕事ではありません。私もいつもうまく対応できると言うつもりはありません。けれども、そういう場合でも、少なくともクライエントにダメージを与えるような対応はしないように心がけましょう。こうしたクライエントに「もっと気持ちがはっきりしてから出直してきなさい」などと言って、ほんの数分で面談を打ち切ってしまうようなキャリアカウンセラーもいるかもしれません。これでは、クライエントは「気持ちがはっきりしないからこそ相談しているのに…」と途方に暮れてしまうことでしょう。これはとても残念なキャリアカウンセリングです。もし自分には援助できないと思ったのなら、せめて「申し訳ないけれども、自分にはあなたの相談にうまく対応できないので、よかったら他の援助を紹介します」と言ってあげましょう。

さて、こうしたクライエントは、とてもあせっていることが多いものです。不安なのです。それは彼らの話を聞いていて、非言語的なモードで伝わってきます。彼らは言葉では「私はあせっているんです」とか「不安なんです」などとは言わないことが多いでしょう。でも、その口調や態度から、あせりや不安が感じられることがよくあります。こういう相談では、クライエントの話を一通り聞いた上で、まずそのことを穏やかに口にするところから始めます。あせりや不安をゆったりと包み込むように抱えます。決してそれを啓発したり、非難したりするために「指摘する」のではありません。クライエント自身が、そのあせりや不安を穏やかに抱えていけるように援助するのです。これは知的な作業ではなく、情動的な仕事です。カウンセラー自身がクライエントのあせりや不安にオープンな態度を取り、それを受け容れ、感じ、味わい、それに触れながら、ゆったりとした雰囲気でただ言葉にしていくのです。「あせりがありますね」と。

そのときの声のトーンやテンポが大切です。穏やかにゆったりと。決してあせりを取ろうとか、減じようとプレッシャーをかけるのではなく、ただ言葉にするのです。まるでテーブルの上にリンゴがあるのにふと気づいたとき、「ああ、リンゴがありますね」と言葉にするのと同じように。

多くの人は、このときまるで鬼の首を取ったかのように「君、あせってるね」と指摘しがちです。それでは言葉の内容は同じでも役に立ちません。繰り返しますが、これは知的な作業ではなく、情動的な仕事なのです。この働きかけが、クライエントがあせりから抜け出させるのに役立つとすれば、その効果は「君、あせってるね」という言葉の内容自体にあるわけではありません。そこでは、それを「鬼の首を取ったよう」な態度で言うのか、穏やかでゆったりとした態度で言うのか、その違いこそが重要なのです。

さて、もしクライエントが「自分はあせっているんだ」と落ち着いて認めることができたとしましょう。次にしたいことは、あせっていることが何をもたらしてきたか、をクライエントと落ち着いて検討することです。このとき、あせっていることで過剰に生じてきたことともに、あせっていることで過少にしか生じてこなかったこともしっかり検討します。たいていは、あせっていることがもたらしてきた結果として、あせっているせいで注意が分散してしまったこととか、集中できなかったこととか、頭が真っ白になったこととか、さまざまな悪い結果が生じてきたことが注目されます。でもより大事なのは、本来、生じていいはずのことで、あせっていることで生じにくくなってきたことです。つまり自分の強みをしっかりと認識することや、楽しむ時間を持つこと、普段通りの人づきあいをすることなどです。

それから、いったい何が自分をそんなにあせらせてきたのかを検討することも必要でしょう。もちろん、就活で不安にならない人なんていません。でもそれにしてもあまりにもひどく不安になっている人の場合、不安を増大させるような要素が何かなかったでしょうか。こころの中で「どうせダメだ」とか「そんな自己アピールは嘘っぽちだ」とか「その程度の頑張りは自慢できるようなことじゃない」とか、自己否定的な考えが響き渡り、その考えの言いなりになってきたということなのかもしれません。ホームレスになってしまうイメージが心のどこかからひとりでに湧いてきたのかもしれません。実際、親が毎日のように「お前はホームレスになってしまうよ」などと言ってきて、不安をあおっているのかもしれません。そしてそう言われると、本当にそうなりそうな気がしてきて、そういうイメージに呑み込まれてきたのかもしれません。

あせりを増幅させているこうした要因をはっきりさせましょう。はっきりさせて穏やかに冷静に見つめてみると、そんなに脅威ではなくなってくるものもあるでしょう。やはりここでもクライエントに余計なプレッシャーをかけないことが重要です。ただクライエント自身が本来の能力を発揮して、穏やかに冷静にしっかり検討できるようお手伝いすれば、自然とクライエントは落ち着いていきます。カウンセラーはそれをサポートするだけでいいのです。「そんなことは不安に思わないでいい」「それは不合理な考えだ」などと教える必要はまったくありません。クライエント自身の能力を信じましょう。最近の雇用情勢などの情報が必要な場合は教えてあげる必要がありますが、ある状況で不安に感じるべきかどうかとか、ある考えが不合理かどうかといった判断は、クライエントに任せます。

10　どうしても決められないクライエント

予言者の言葉は地下鉄の壁や安アパートの廊下に書かれている
——ポール・サイモン（The Sound of Silence より）

就活を前にして、どうしても決められないと相談に来る学生がしばしばいます。公務員がいいか、民間企業がいいか。地元の企業がいいか、全国的に展開している大企業がいいか。拘束時間が長くても収入が高いことを重視するか、収入は多少低くても時間の自由がききやすいことを重視するか。何を基準に選んだらよいか、分からないし、決められないという人がいます。あるいは、内定をもらった複数の企業のうち、どれを選んだらいいかが分からないという人もいます。延々と悩み続け、あるとき、一つに決めたと思っても、しばらくするとまた迷い始め、振り出しに戻って悩み続ける。そういう人もいます。

しかし、そもそも社会経験の乏しい学生に、自分にとってどの条件が重要かなどということは分からないのが当たり前ではないでしょうか。職業興味にしても、大まかな方向性はともかく、具体的にどの業界を選ぶかなどという話になれば、さほど分化していないのが普通ではないでしょうか。

それまでほとんどクラシック音楽を聴いたことがなかった人が、クラシック音楽に接するようになったとしても、どの演奏家の「月光ソナタ」が好きかという問いには、にわかには答えられないでしょう。歌舞伎をほとんど見たことがない人が、歌舞伎に通うようになったとしても、誰の演じる「義経千本桜」が好みかという問いにはすぐには答えられないでしょう。野球をほとんど知らずにきた人が、野球中継を見るようになったとしても、どの監督の采配が最も格好いいかという問いにはすぐには答えられないでしょう。それらは、それぞれその領域の経験を蓄積していくにつれて徐々にしっかり答えられるようになっていくという類いの問いなのです。

つまりこうした問いを前に、経験を増やすことなく、ただ机に向かってひたすら考えて答えが得られると期待するのは見当違いなのです。分からないながら、とにかくその領域に接触し、経験してみなければ分からないのです。

キャリア発達に関する理論に、プランド・ハップンスタンス・セオリーという理論があります。そのままカタカナで表記されることも多いですが、日本語にする場合には、「計画された偶発性理論」と訳されます。スタンフォード大学のジョン・D・クランボルツ教授が提案した理論です。彼は、実業界、学術界、芸能界など、社会的に成功した多くの人のキャリア決定のあり方を調べました。すると、そうした人々のキャリアの歩みを決定づけてきた出来事のおよそ八割は、自分で考えて、自分の意志で選択したものではなく、偶発的な出来事だったということが分かったのです。つまり、そうした人たちは、八割方、何らかの偶然に導かれてそこに到達したのです。

たまたま友達に誘われてテニスサークルに入り、そこで知り合った人に導かれて特定の職業に就いたとか、就職した会社が倒産して次の仕事を探していたとき、たまたま出会った昔の先輩に誘われてＮＰＯの活動を手伝っているうちに、それが本業になっていったとか、たまたま近所に伝統工芸の専門学校があったので、興味を持って学ぶようになり、スペシャリストになったとか、そういうことです。

成功した人のキャリアの八割は予想外の偶然によって決定されています。でも、そうは言っても、この理論は、ただ偶然を待っていれば成功するのだと主張するものではありません。社会的に成功した人が自分を導いたと述懐しているような偶然は、実のところ誰の人生にも転がっているようなものばかりです。偶然のチャンスをしっかりつかんで活かすような生き方があってこそ、その偶然が成功を導くのです（だから「計画された」偶発性なのです）。クランボルツ博士は、偶然のチャンスをしっかりとつかんで活かすための五つの重要な態度を挙げています。それらは、好奇心、持続性、柔軟性、楽観性、冒険心です。

この考えに従えば、どうしても決められないときには、選択肢を絞れるところまで絞り込み、最後はサイコロ、あみだくじ、コイントスなどの偶然に委ね、その運命に従うのがよいということになるでしょう。自分の意志で決めることが最善の結果をもたらすというものではないからです。

むしろ、自分で考え、自分の意志で決めることにこだわりすぎて、決められないことの方が問題なのです。決められないでいると、そのために前に進めず、経験が増えていかないので、いつまでも決められない状態のままに留まってしまいます。前に進むことにより、経験が蓄積され、自分にとって大事なことや、自分の好きなことが細かく分化してくるのです。

こうしたくじによる選択は、好奇心、持続性、柔軟性、楽観性、冒険心を養う機会だとも言えるでしょう。そもそも、くじで決めるということ自体が冒険です。自分で決めることにこだわらないという意味で柔軟です。とにかくやってみようという姿勢は、やってみてうまくいけばそれでいいし、うまくいかなければやり直せばいい、ということで、基本、楽観的です。

事実、社会において成功した人を成功に導いた要因の八割がそうした偶然なのです。そのことを思い起こし、サイコロが選んだ偶然に従って、偶然に意味を見出し、コミットし、そこでベストを尽くせばよいのです。もちろん、そうやって選択した結果、うまくいかないこともあるかもしれません。あの選択は失敗だったと思うこともあるでしょう。でも、自分で決めていたら、もっとよい選択だったはずだと考えるとすれば、その考えは幻想です。

私は、どうしても決められないと悩んで思い詰めている学生には、プランド・ハップンスタンス・セオリーを紹介し、くじで決めるという方法を提案します。以前は、真剣に悩んでいる学生に「くじで決めたらどう？」と提案することは、何か相手に失礼なように感じられ、気が引けてできませんでした。けれども最近は、こうした知識と提案こそ、決められないで苦悩している学生にとって盲点となっている大事な見方を提供するものだと理解するようになりました。そして実際にその理論を説明し、くじの提案をしてみると、学生は、まずその発想に驚き、そして安堵することが多いということを知りました。もっと肩の力を抜いて、気楽に事に当たり、そこでベストを尽くせばいいんだと直感的に理解するからでしょう。

人生は偶然に満ちており、偶然は奇跡だとも言えます。偶然は人智を超えたものです。カウンセリングでは、しばしば偶然に対してオープンな姿勢を取り、興味を抱き、コミットしていくことが転機をもたらします。深層心理学の開拓者の一人であるカール・ユングは、偶然に意味を見出す認識論を「シンクロニシティ」という用語に集約しました。「単なる偶然」を無意味なものとして切り捨ててしまうのではなく、単なる偶然から意味を受け取る姿勢が、現代人はとても貧弱になってしまいました。現代人にとって、人生は合理的に決定されるべきものになったのです。でもその結果、その人生は、豊かなもの、生き生きしたもの、生きる甲斐があるものになったのかどうかが問題です。

もちろん、こうした話をした結果、学生が実際にくじで決めるかと言えば、そういうわけではないことが多いです。また、くじで決めるという提案を頭から拒否する学生もいます。それに、このような働きかけで、こうした学生の苦悩が一挙に解決するわけでもありません。しかし、このような働きかけは、こうした学生の苦悩に、たとえ小さなものであれ、重要な風穴を開けることが多いのです。

ここで注意しておくべき重要なことは、カウンセラーの目的は、相手を理論的に説得し、目の前で提案に従わせることではないということです。相手が行動として提案に従うかどうかは重要なことではありません。相手の行動の背後にあって、行動を決定している心の働き方、あるいは生き方が、より柔軟に、より立体的に、より拡張的に変化することが重要なのです。

そのためには、カウンセラーは、自分がもたらそうとしている考えが、相手にとって新鮮で馴染みのない考えであればあるほど、押しつけてはダメです。新奇な考えは、ただ新奇だというだけで拒否反応を引き起こしやすいものです。それは誰でもそうでしょう。だから、ただそれを相手の目の前にそっと提示するだけ、というのがいいのです。それに対して相手が興味を抱こうが、拒否しようが、好きにさせてあげましょう。そのような自由が保障されて初めて、相手はそれを好きなように探索できます。そして、いつか準備ができたときに、必要であれば自らそれに接近するようになるのです。人は、自分にとって有用なものであると分かれば、必ず自分から求めるようになります。押しつける必要はまったくありません。カウンセラーが心を砕くべきは、どうやってクライエントにある考えを押しつけるかとか、従わせるかとかではありません。どうすればクライエントに、ある考えに良質の注意を向けてもらえるか、そしてそれがクライエントにとって有用かどうかを心ゆくまで探索してもらえるか、ということです。

11 ラポールの形成

カウンセリングにおいては、ラポールを形成することが大事だと言われます。このことは、現在では、おおむね信頼関係を構築するというような意味で用いられることが多いと思います。ここでは、このラポールということについて考えてみましょう。

そもそもラポールというのは「関係」を意味するフランス語です。この用語は、十九世紀のフランスにおける催眠療法に由来しています。当時、多くの催眠療法家が、催眠の施術を繰り返すと、催眠療法家と患者の間には特別な絆（ラポール）が形成され、この絆によって、離れたところからでもテレパシー的なやり方で催眠現象を引き起こすことができると信じていたそうです。つまり、その昔、ラポールは、催眠療法家と患者との間の神秘的なまでに強い結びつきを意味する言葉だったのです。

さて、カウンセリングを効果的に行うためには、そこまで特別な結びつきではなくても、クライエントが心を開いて打ち明けられるような安心感や信頼感を伴う人間関係が必要であるのは明らかです。こうした信頼関係という意味でのラポールの形成は、カウンセリングの最初のセッションにおける最重要課題なのです。というのも、カウンセリングの最終的な効果は、最初の数セッションにおいて良好なラポールが形成されたかどうかによってかなり左右されるということが、さまざまなリサーチの結果から分かっているからです。

では、ラポールを形成するためには、具体的にどのような作業が必要なのでしょうか。

まず、クライエントの話をていねいに傾聴し、クライエントに、しっかり聴いてもらっているという信頼感を伝えることが大切です。そして、クライエントの情動を非審判的な態度で探索していきます。面接が単なる知的な作業、情報提供的な作業、事務的な作業だけにならないよう、クライエントの感情や情動に感受性を差し向けながら話を聞くことが、ラポールの形成に役立ちます。クライエントに共感的に理解されていると感じてもらえるように、話を聴きます。

それと同時に、クライエントが何を求めてカウンセリングにやって来たのかを探索しましょう。クライエントのニードを探索し、そのニードを尊重することが大切です。その上で、クライエントとカウンセラーの双方が納得できる目標を共有します。

これは実際にはなかなか難しいことも多い作業です。たとえば、クライエントは二度とセクハラに遭わないように、セクハラを絶対しない上司の下でしか働きたくないという目標を掲げるかもしれません。クライエントはただやみくもに名前の通った大企業に正社員として就職したいという目標を掲げるかもしれません。できるだけ楽な仕事を探したいという目標を掲げるかもしれません。カウンセラーから見ると、不合理だとか、無理があるとか思われるような目標が示されても、即座に否定せず、その目標の背後にあるクライエントの気持ちや欲求を探索しましょう。そこに理解できるものを見出す努力をします。ほとんどの場合、何らか共感できるところまで到達できます。そのとき、最初に示された目標から無理な力みが取れ、お互いに納得できるような目標に自然と落ち着いていくものです。その過程そのものがカウンセリングなのです。納得できない目標を拒否したり、カウンセラーが合理的だと思うような目標に誘導したりすることがカウンセリングではありません。

たとえば、クライエントから、セクハラを絶対しない上司の下でしか働きたくない、だからそういう上司の職場を紹介して欲しいと言われたとしましょう。そういうとき、「そんなこと言われても…。無理でしょ」などと拒否したりせず、まずは「そうなんですね」と受けとめていくことが大切です。その上で、「誰もセクハラをするような上司の下でなんて働きたくはありませんよね。でも、あなたはとりわけ強く切実にそう希望しておられるようです。もしよければ、そう思われるようになったいきさつについて、もう少し聴かせてもらえませんか？」と促してみましょう。きっとクライエントは以前の職場でセクハラに遭って傷ついた経験を話し始めることでしょう。クライエントの中でその経験はまだ終わりになっていないのです。そのときの傷つきはまだ生々しく、うずくような状態のままに留まっているのです。その経験を穏やかに受けとめるように聴いていきます。

おそらくクライエントはセクハラする上司との関係で無力感を感じてきたのでしょう。この上司との特定の経験はすでに過ぎ去った過去のものです。けれども、このクライエントは、同じような別の上司に出会う未来の可能性をも避けようとしています。つまり、同じような上司とまた出会ってしまったなら、同じように傷つく体験を繰り返してしまうと想像し、その未来の可能性を恐れているのです。つまり、もしまたそんな事態に出会っても、次には前と違ってもっとよい対処ができるとは想像できないのです。

クライエントの過去の傷つき体験を聴いていく中で、クライエントの痛みの感情を受けとめると同時に、クライエントがしたかったけれどもできずにきた行為、言いたかったけれども言えずにきた気持ち、などを聞き出していきます。クライエントはその上司を殺してやりたいと言い出すかもしれません。その気持ちを受けとめながら、その気持ちを、単に原始的に素朴に放出するところから、誇りを持って、巧みに、効果的に表現するところにまで、高めていく手伝いをします。

クライエントが、今度そういう上司と出会ったらこんなふうに対処しようと力強く想像できるように、過去のセクハラ上司との関係における無力感を抜け出すことができるように援助します。そのためには、事業所内や行政のセクハラ相談窓口、弁護士などの社会的リソースについての情報を知らせてあげることが役立つこともあるでしょう。

そうした作業の結果、クライエントがセクハラの傷つきを乗り越え、エンパワーされた未来の自分を想像できるようになれば、もはやセクハラを絶対しない上司の下でしか働きたくない、そういう職場を紹介して欲しい、などと求めることはしないでしょう。

初期の面接においては、以上のような作業への取り組みを通して、クライエントに、きっと何とかなるという希望を喚起することも必要です（ただし、非現実的な希望を安易に約束するわけではありません）。そのことが、ラポールの形成にとても役立ちます。

12 今ここへの注目

カウンセリングにおいて、面接の今ここで何が起こっているかに注意を払うことは非常に重要です。これはカウンセラーとクライエントの関係に注意を払うということでもあります。クライエントの話の内容だけに注目していてはいけないということでもあります。クライエントが話していることとの内容は、たいていの場合、面接室の外に広がるクライエントの生活中の出来事についての話でしょう。ですから、クライエントの話の内容だけに注目していると、面接場面の今ここで起きていることには注意は向かいません。

分かりやすい例を挙げましょう。「私はダメ人間です」「私には何の価値もありません」などと自己卑下する人の面接をしているところを考えてみてください。そういうクライエントを前にしたカウンセラーが「どうしてあなたは自分のよいところを認めることができないの?」と問いかけるとしましょう。このとき、カウンセラーとしてはクライエントに、偏った自分への見方に気づき、修正するよう助けているつもりかもしれません。でも、今ここで起こっていることに注目してみましょう。そうすると、この発言は、面接場面の今ここで「あなたはそんなことばかり言ってるからダメなんだよ」とクライエントを非難していることになるのが分かるでしょう。こういう場面で、しばしばクライエントは「その通りです。私は自分のよいところを認めることができないダメ人間なんです」と自己卑下を強めてしまいます。このとき、クライエントはいわばカウンセラーのお墨付きで自己卑下しているのです。

もしカウンセラーが痛々しく自己卑下するクライエントを今ここで温かく受け容れ、「ああ、あなたは自分には何の価値もないと感じるんですね。どうもあなたは自分をダメだっていう思いにひどく取り憑かれてしまうみたいですね」と穏やかな声で言うとすれば、どうでしょう。このとき、カウンセラーは取り立てて何もしていないようですが、今ここでクライエントを受け容れるということをしているのです。自分を非難してばかりいるクライエントにとって、カウンセラーから受け容れられる体験は、修正的な体験となりえます。

心配性だとか、不安で仕方がないというようなことを訴えるクライエントがいるとします。そのクライエントが、面接室でただそういう自分の問題を言葉で説明するだけでなく、面接室の今ここで実際に不安になっているのが観察されるとしたら、それはカウンセラーにとって大事な観察の機会であり、働きかけのチャンスなのです。逆に、「採用面接に臨むと不安になるんですよ」と笑顔で落ち着いて説明し、カウンセリングの今ここでは不安を見せない人は、難しいです。

　もしクライエントが今ここで不安な様子を示しながら「大丈夫でしょうか？　また頭が真っ白になって、何も言えなくなってしまうんじゃないかって思うんです」と言ってきたら、カウンセラーはまずそれに気づくことが大事です。そして、それをチャンスだと捉えましょう。また、単に自分も一緒になって不安に溺れてしまわないよう気をつけます。その上で、穏やかに落ち着いた声で次のように尋ねてみます。「今、不安な考えやイメージが湧いているみたいですね。どんな考えやイメージがあなたを不安にさせているのか、ここで二人でじっくりとよく観察してみましょう。いつもなら瞬間的にそうした考えやイメージに取り憑かれてしまうのかもしれないけど、せっかくここで不安が出てきたんだから、落ち着いてよく見つめてみましょう。対処するには、まずその対象をよく知ることが大切です。じっくり心の中を見て、あなたを不安にさせる考えやイメージを、一つ一つていねいに詳しく観察して、教えてもらえますか？」

　クライエントがいろいろな考えやイメージを挙げてきたら、承認することが大事です。そういう考えやイメージに取り憑かれたら、不安になるのは当然だと。他には、他には、と尋ねていき、できるだけ詳細に尋ねます。こうした質問を繰り返すうちに、不安の強度は薄れていくことが多いものです。

肯定的な変化も、今ここで観察できることがあります。引っ込み思案で、自己主張ができないことを問題として来談していたクライエントが、面接中に「エアコンが寒いので、切ってもらえますか」と言ったとき、単にエアコンを調節するだけでなく、そのように主張した行為に注目し、取り上げることが有効です。「あなたは自分のことをなかなか言えないって言ってたけど、今、エアコンを切ってもらえますかって、言ったね。それはあなたにとってどんな感じのことなの?」などというように。

こういうふうに尋ねると、クライエントは、実に豊かな内面を見せてくれるものです。カウンセラーからすれば、「エアコンを切って」という、ごく単純な要求の背後に、実に多くの迷いがあり、決意があり、ストーリーがあるのです。そのストーリーを聴きながら、今ここでその適切な自己主張の行為を承認し、強化します。今ここでの即時的な影響力は、いつかあそこでについてのアドバイスよりも、はるかに有力なのです。

何度も言うようですが、面接場面の今ここで何が起きているかに注目することが非常に重要です。というのも、カウンセラーがクライエントを直接に観察できるのも、変化をもたらすような影響を直接に及ぼすことができるのも、面接場面の今ここをおいて他にないからです。今ここは、カウンセラーにとって最も重要なデータ収集の場であり、最も重要な影響力の機会なのです。

13 リファーのコツ

現在の社会状況、雇用状況の下では、キャリアカウンセリングの面接室に現れるクライエントの悩みの背景に、メンタル・ヘルスの問題が含まれていると思われるような場合もよくあることでしょう。うつ、無気力、挫折感などのつらい感情が慢性的に圧倒的な状態。不安やあせりに駆り立てられ、冷静に考え、堅実に行動できない状態。不眠、食欲不振、胃腸障害、頭痛といったストレスと関わりの深い身体的な不調。飲酒、ギャンブル、ショッピング、ゲーム、インターネットなどに逃避的にふけってしまう悪習慣に支配された状態。パニック障害。過呼吸症候群。引きこもり。過食。自殺企図。妄想や幻聴などを代表的な症状とする統合失調症。数え上げればきりがありません。

こうしたメンタル・ヘルスの問題が関わっている場合でも、それを踏まえた上で、生産的にキャリア相談を進めていける場合には、それでよいのです。キャリアカウンセラーは、わざわざそこを治そうとする必要はありません。キャリアカウンセリングを進めていく上で必要にして最小限にだけ、そうした問題について尋ね、話題にし、それを前提に一緒に考えます。不必要に入り込まないように注意します。

もしクライエントがそうした問題そのものの改善を求めているのなら、それはキャリアカウンセラーよりも心理カウンセラーや精神科医の扱う領域であることを説明し、リファー（紹介）する必要があるでしょう。残念ながら自分の学んだ専門知識や技術では、あなたの求めに十分に効果的に応えることができないし、他の専門家のところに行ってもらった方が満足な援助を受けられる可能性が高いと説明しましょう。

クライエントのキャリア上の悩みを扱っていく上で、まずはメンタル・ヘルスの問題を解決ないし緩和した方がよいと考えられることもあるでしょう。その場合には、そのような判断をクライエントと共有できるかどうかが問題です。クライエントの悩みの背景に、メンタル・ヘルスの問題が含まれている可能性を示唆し、精神科や心理カウンセラーへの相談を勧めても、しばしば、メンタル・ヘルスの問題を認めたがらない、あるいは、認めはしても精神科や心理クリニックに行きたがらない、といった反応が返ってくることもよくあります。「精神科で以前傷つくようなことを言われてトラウマになっているから行きたくない」とか「薬は本質的な解決にならないから、精神科の治療は受けたくない」「心理カウンセラーは話を聴くだけで役に立たないから行きたくない」などと言う人もしばしばいます。

こうしたクライエントを、精神科や心理カウンセラーに行ってもらえるよう働きかけるスキルは、キャリアカウンセラーにとってとても重要なスキルです。

単に、紹介先情報を教えて行くように指示する、ということだけが「リファー」ではありません。リファーが必要と判断されるような状況についての、クライエントのさまざまな思いや考えを引き出し、一緒に検討し、合理的で建設的な判断を共有することも、「リファー」のスキルに含まれます。

まず大事なことは、リファーが必要だとカウンセラーが判断する前提となっている事実について、具体的にクライエントと共有することです。たとえば、「ひどく気分が沈みがちなんですね。朝、起きても、つらくて、何もできない。そしてそんな生活がもう三ヶ月も続いているんですね」といった具合です。その上で、カウンセラーの考えを述べます。「一度、精神科の先生に相談してみたらどうかと思うのですが、どう思われますか？」

クライエントが、それに対して消極的な意見や反対意見を述べたとしても、すぐに反論して説得しようとしてはいけません。クライエントの話をよく聴き、理解するよう努力します。クライエントの話の内容だけでなく、その背後に流れている感情的なトーンにも注意を向けましょう。クライエントが何を恐れているのかを理解することが大切です。クライエントの恐れはリファーへの道に立ちふさがる障害物です。リファーへとクライエントを動かすためには、恐れを取り除く必要があります。

クライエントが「薬漬けにされる」ことを恐れているのであれば、とりあえずお医者さんに相談してみるだけで、投薬は受けないというスタンスで受診することもできると伝えることもできます。あるいは、投薬のない、非医師の心理クリニックを紹介することもできます。

クライエントが、以前にこんなことを言われた、あんなことを言われた、などと傷つきの体験を訴えるのであれば、穏やかに聴いていきましょう。その上で、「またそんなことを言われるのではないかと心配なんですね」と尋ねてみましょう。もしそうなら、そう言われる可能性を低くする手立てはないか、一緒に考えましょう。あるいは、そう言われた場合に、これまでとは違って、どううまく対処できるかを一緒に考えましょう。

ともかく、クライエントの否定的な感情や考えを尊重し、理解し、クライエントの体験してきた世界からすれば、それも妥当な反応だと認めていきます。クライエントの考えや感情に好奇心を持って聴くことができるといいでしょう。

たまに、クライエントが、リファーを被害的に、拒否されたかのように受け取ることがあります。そういう場合には「こういうこと言うと、どうせこの先生は私のことが嫌いなんだとか、私だけ厄介払いするんだとか、あなたは思うかもしれないけど、そうじゃなくて、みんなに平等にそういう対応をしてるんです。嘘だと思うんだったら他のスタッフにも訊いてごらん」と堂々と伝えます。

リファー先は一つだけにせず、二〜三の選択肢を提示するのがよいでしょう。情報を与えられた上で、クライエント自身が選択することで、リファーが成功しやすくなります。かといってあまり多すぎると決められませんから、二〜三の選択肢が妥当です。

クライエントがリファー先に行ってくれたとしても、必ずしもそれで成功とはいきません。リファー先とうまくつながらない場合があるからです。繁盛している精神科のクリニックの診察室では、クライエントは自分の状態を上手に説明できないこともよくあります。そういう診察室では、たくさんの患者さんが並び待っているものです。順番が回ってきたとき、自分の診察のための「持ち時間」があらかじめ知らされているわけでもありません。時間的なプレッシャーを感じながら、権威あるお医者さんを前にすると、言いたいことの半分も言えないというのもよくあることです。そうでなくても、精神的なことを言葉で説明するのは非常に困難です。普段はとても憂うつで無気力なのに、医師の前に出ると、なぜかしゃんとしてしまって、はきはき話してしまうという人もいます。

そうなると、医師もその人の状態がよくつかめないままに診察を終えざるをえないということも起こりえます。その結果、クライエントは、リファー先に行くことは行ったけれども、そこにはつながらず、また戻ってきてしまうのです。

こうしたケースでは、リファー先で何があったのか、そのときどんなことを感じたのか、何を思ったのか、などをよく聴き、一緒に考えていくことが大事です。場合によっては、その場面をロール・プレイしてみるのが役立つでしょう。その上で、望んでいる展開を得るためには、次はどんなふうにすればよいかを一緒に考え、またロール・プレイしてみるのもいいでしょう。

これらすべてがリファーのスキルです。多くのカウンセラーが、よく「リファーしたけれどもうまくいかなかった」などと簡単に言っています。そのとき「リファー」と呼ばれている作業の中身は、単にクライエントに他機関の情報を伝え、行くように勧めたというだけのことが多いようです。実のところ、リファーはそんなに簡単なことではありません。

ここでは、メンタル・ヘルス上の問題に焦点を当てて、リファーの問題を論じてきました。けれども、リファーはメンタル・ヘルス上の問題に限って必要となるわけではありません。高校や大学の進路相談・キャリア相談においては、親に連絡する必要を感じることもあるでしょう。担任の先生や指導教員に連絡する必要を感じることもあるでしょう。企業でキャリア相談をしているときに、職場の上司に連絡を取った方がよいのではないかと感じられることもあるでしょう。相談の内容に、警察に相談する方がよいのではないかと思われるような内容が含まれていることもありえます。弁護士、会計士、税理士、社労士などの専門家に相談した方がよいのではと思えることもあるでしょう。消費者センター、女性センターなどなどに相談した方がよいと思えることもあるでしょう。これらの場合も、すべて基本は同じです。

リファーは決して敗北ではありません。確かに、クライエントにとってはさらに他のところに相談に行くのは負担かもしれません。しかし、だからといってカウンセラーが自分にはできないのではと不安に感じるようなことを背負い込むべきではありません。一人で抱え込まず、援助者にも限界があることを示すのも大事な援助です。また、自分には不足しているものを持っている他の専門家を信頼し、協力できることを示すのも大事な援助なのです。

14　キャリアカウンセラーの現場

キャリアカウンセラーの方々から話を聞くと、同じカウンセラーといえども、多くのキャリアカウンセラーの現場は、心理カウンセラーの現場とはかなり事情が違うようです。もちろん、心理カウンセラーの現場にもかなりのヴァリエーションがありますので単純には言えませんが…。

現在の代表的なキャリアカウンセラーの現場には、大きく分類すると、以下のようなものがあると思います。

（1）就労支援（ハローワークなどの公的機関・民間の職業紹介サービス機関）
（2）学校現場（大学などのキャリア支援室、小中高等学校におけるキャリア教育や進路相談）

（3）企業の人事部などでのキャリア相談
（4）ひきこもり支援やニート支援などの若年者支援の現場
（5）個人開業

こうした領域によっても、また同じ領域でも個々の職場によっても、キャリアカウンセラーの相談の枠組みにはかなりの違いがあるようです。

私が多くの現場のキャリアカウンセラーが集まる交流会で聞いたところでは、一回の面接時間は三〇分ぐらいのところが多いようでした。三〇分も取れないというところもあるようです。相談者が列をなしているような現場では、できるだけ面接時間を短くするよう、管理者から無言の圧力をかけられる場合もあるようでした。その点、教育現場や若年者支援の現場は、どちらかと言えば恵まれた条件のところが多く、五〇分の面談時間を取って相談している人もいるようでした。しかし全体を見渡すと、キャリアカウンセリングでそういう現場は珍しいようです。

また、面談は一回限りで、継続性はないことがむしろ普通のようです。たとえクライエントが同じカウンセラーに相談したいと思った場合でも、残念なことにそれは保証されていない現場が圧倒的に多いようです。この点に関しても、教育現場や若年者支援の現場の方が、恵まれた条件での面接が可能になっている場合が多いようでした。

もしこれが偏ったサンプリングによる歪んだ認識ではなく、現状をありのままに捉えた正しい認識であるとすれば、「キャリアカウンセリング」とは名ばかりで、実際にはどれほどカウンセリング的な対応ができているのか、かなり疑問だと言わざるをえません。


キャリアカウンセラーの養成講座においては、キャリア支援とは単に就職支援ではなく、キャリア発達やキャリア形成の支援であるということが謳われています。傾聴やカウンセリングの基礎を教えています。厚生労働省の「キャリアコンサルティング実施のために必要な能力体系」の説明においても、これらのことが重要であることがはっきりと述べられています。

しかし、それはきれいごとの建て前に過ぎず、現実は違うのでしょうか。現場の雰囲気は、傾聴なんてしないでいい、カウンセリングなんて必要ない、キャリア形成なんてしている暇はない、とにかく就職させるんだ、というような、殺伐としたものであるところがかなり多いように感じられます。そういう現場では、来談者をとにかく就職させ、就職できた人の率を算出し、それが目標の数値に達することが重視されています。

そのようなやり方では、本質的なキャリア支援はできませんから、来談者はとりあえずは何とか就職したとしても、不幸なことに、また遠からず辞めてしまう危険性が高いままでしょう。

実際、現場のカウンセラーの話でも、そういうことがしばしば起きるそうです。それでも、またとりあえず就職させる。同じ人が何度でも列に並んで、とりあえず就職してくれれば、就職率の数字に貢献してくれるから、管理者としては問題ないということになるのだそうです。

けれども、多くの現場のキャリアカウンセラーも、そういうカウンセリングのやり方には疑問を抱いています。もしかすると彼らにプレッシャーをかけている管理者の方もまた、現場の最前線のカウンセラー以上に、疑問を抱いているのかもしれません。

キャリアカウンセラーの方のカウンセリングをすると、そういう不満と疲れが吹き出してきます。クライエントのために、本物のキャリアカウンセリングをしたいと願いつつも、そのための知識も技術も、十分に身につけていないまま現場に送り出され、とにかく就職させるんだとプレッシャーをかけられ、養成講座で学んできた傾聴やカウンセリングの基本的な知識や技術を磨こうにも、それらの使用さえ禁じられてしまうのですから。

現実が急に変わるものではないことは私にも理解できます。でも私が問題にしているのは今のこの現実ではなく、この現実からスタートして、どのような未来を描くかということなのです。これが現実なんだと言う「現実主義者」の人たちは、しばしば、この現実のそのままの延長線上の未来を受動的に描いています。それは「あるべき未来像」を描くという仕事の手抜きです。どのような未来を望むかをできるだけ具体的にありありとイメージしましょう。その能動的な作業が、その未来を今のこの現実にほんの少し、呼び込むのです。

15　キャリアカウンセラーは社会の流動性を支える？

現代は流動性の高い時代だと言われます。終身雇用制が崩壊し、人は一生の間に何度も職場を変え、仕事を渡り歩くことが当たり前になってきました。そのような時代であることを踏まえて、二十一世紀の初頭、厚生労働省では「労働市場におけるインフラ」として、一つの仕事から別の仕事へのスムーズな移行を助ける仕事が必要だという議論が重ねられました。その結果、キャリアコンサルタントの制度が整えられてきたのです。今や、キャリアカウンセラーの養成は国策です。こうした施策の推進者としては、キャリアカウンセラーに、仕事から仕事への移行を助けるよう期待しているのでしょう。キャリアカウンセラーをどんどん増やして、流動性の高い社会を支える必要があるというわけなのでしょう。

しかし、そもそもなぜわれわれの社会はこんなにも流動性が高くなってしまったのでしょうか？

基本的に、流動性が高まったのは、終身雇用制が崩れ、企業が正社員をできるだけ削減し、その分の仕事を非正規社員に担わせるような雇用形態を取るようになったからです。その方が、基本的に総コストが減らせますし、景気がいいときには非正規社員を増員し、景気が悪くなれば非正規社員を減らすというように、雇用の調整も容易になります。流動性が高い社会というのは、企業にとって好都合な社会ということです。

しかし生活者の立場にとってみれば、流動性の高い社会というのは、不安定な社会であり、とてもしんどい社会です。

不思議なことに、国民を守るはずの国は、国民にとってはしんどいけれども企業にとっては好都合な社会を作り出すべく、さまざまな法を整備したり、事業を打ち出したり、改革を推し進めたりしています。国を挙げてキャリアカウンセラーを増やすという事業もその一つです。

キャリアカウンセラーのみなさんのところに来るクライエントたちは、そんな中で苦しみ、助けを求めてきた人たちです。その中でも、あっちの職場からこっちの職場へとするすると渡っていく能力も元気もある人であれば、みなさんの助けを上手に利用して、みなさんの前から去って行くことでしょう。

けれども、中には無気力になったり、うつになったり、深く傷ついてしまったりして、そう簡単に次の職場を探す気力さえ失ってしまった人もいるでしょう。そもそも、生まれてこの方、就労の意義や意欲がはっきりしないままにきた人もいるでしょう。そういう人たちの力になろうとするなら、単にこっちの職場からあっちの職場へという考え方ではうまくいきません。彼らにはなぜそんなことをしなければならないのか、その意味が分からないからです。そして現代社会において、それはおかしなことではなく、むしろ当然のことなのです。

その意味を分かっている人なんて、実はどこにもいないのではないでしょうか。多くの人はそこを考えないようにして働くことができているだけなのです。そしてもう働くことが限界になったときに、とうとうそれを考えざるをえないようになるのです。

これは簡単に答えの出ない問いです。しかし、それでもしっかりと問うことはできます。そこが問題になるようなキャリア相談を引き受けられるかどうか。それこそがみなさんの力量を問われるところです。

現在の多くのキャリア相談には、そういう要素が多分に含まれていると思います。表向きは就職、就労の相談のように見えても、なぜこんなふうに働かなければならないのか、この働き方の中で自分の人生はどうなってしまうのか、自分たちは見捨てられた使い捨ての労働力ではないのか、といった問いかけが潜在的に含まれていることが多いと思います。

キャリアカウンセラーにこうした相談に応じることができるでしょうか？　社会の流動性を支える要員となることを期待されて国策として推進されているキャリアカウンセラーに、こういう時代のあり方そのものを問う矛盾を抱えることができるでしょうか？

困難なことですが、こうした姿勢を持っているかどうかこそが、幅広いクライエントに助けになれるかどうかの重要なポイントだと思います。ところが、現状においては、キャリアカウンセラーがこうした姿勢を持っていればいるほど、相談機関の上司から煙たがられ、叱責され、場合によっては職を追われてしまうことさえあるようなのです。というのも、社会の流動性を支えるという国策の担い手であることを期待されて配置された現在のキャリアカウンセラーは、その職場の上司から、クライエントが何人正社員になったか、何人職に就いたか、といった数字だけで評価されていることが多いからです。クライエントの潜在的な望みにじっくり耳を傾け、曖昧な思いを声にするのを助け、葛藤を抱えられるよう助けるような援助は、まったく評価されないばかりか、そんなことをしているカウンセラーは効率の悪いカウンセラーと見なされてしまうのです。

しかし、本来、カウンセラーの仕事は、クライエントの心の世界を探り、共感し、クライエントが心の奥深くに抱いている価値にしっかりと接触させ、目標を共有し、動機づけを高め、社会的な現実と照らし合わせ、合理的で満足な選択を援助していくことにあります。もちろんそうした仕事に完璧はありませんし、どこまでそうした作業に取り組むかは、その職場に許されているさまざまな条件によるところもあるでしょう。そこには戦略的に妥協も必要かもしれません。とはいえ、あまりにも妥協を重ね、単に社会の流動性を支える要員、企業側に都合のいい雇用市場を支える要員となり下がってしまうなら、そのようなものは本質的な意味で、もはやキャリアカウンセリングではありません。キャリアカウンセラーが、まず第一に奉仕する対象は、クライエントだからです。

もちろん、クライエントの成長に奉仕することが、同時に社会の発展に奉仕することでもあるような、そのような援助を目指します。けれども、そこで言う「社会」とは、単なる一企業のことではありません。もっと大きな、公共的なものです。

これにまつわって、悲しい話も耳にしたことがあります。ある職場のキャリアカウンセラーが、「キャリアカウンセリング」の体裁を取りながら、結局はリストラのクビ切り面談をするよう上司から命じられたというのです。彼は求められるままに忠実に面談し、何人かに退職を納得させせました。その後、その中の一人がひどいうつ病になってしまったというのです。このカウンセラーは、自分のしたことにとても疑問を感じ、その方にとても申し訳なく感じたそうです。しかしこれは決して特別に珍しいことではないのです。これに似たようなことがあちこちで起きています。これは単に彼個人の問題ではなく、現代のキャリアカウンセラーに課せられた構造的問題なのです。

意識の高いキャリアカウンセラーの方々は、自分のしたいような支援ができないと悩んでいます。自分のしたいような支援をしようとすると、上司から責められたり、周りから浮いてしまったりするからです。

キャリアカウンセラーの職場の現状が抱えているこうした構造的問題ゆえに十分な援助を受けられず、余計な苦しみを抱えてしまったクライエントの無念を忘れないようにしましょう。その無念に共感し、その無念をシェアできる仲間を見つけましょう。そしてそれを、現状を変えていくパワーへと変換していくのです。クライエントへの共感こそ、常にわれわれカウンセラーを導く最も頼りになる道標です。

単に就職支援、転職支援をするだけではなく、本物のキャリア支援のできるキャリアカウンセラーが一人でも多く誕生して欲しい。あっちの職場からこっちの職場へと流動させる援助だけしかできないキャリアカウンセラーではなく、そういう流動性の高い社会に疲れた人が相談に来たとき、企業の論理に振り回されずに自分自身の価値を大切にしてこれからどう生きるかを一緒に考えられるような援助ができるキャリアカウンセラーが一人でも多く誕生して欲しい。それこそが本物のキャリアカウンセラーだからです。流動性を助けるだけのキャリアカウンセラーは、つまらないです。

16 キャリア教育は勝ち組になるためのコーチング？

キャリアカウンセラーの仕事には、相談のみならず、キャリア教育やキャリア研修が含まれていることが多いでしょう。このキャリア教育を担うキャリアカウンセラーのキャリア観が浅薄なものであれば、そのキャリア教育は単に就職するためのハウツーのようなものとなってしまうでしょう。どうやってより有名な企業、大手の企業の正社員になるか、といった教育になってしまうでしょう。あるいは、どうやってより早く出世するか、どうやってリストラ解雇されない社員になるか、といった研修になってしまうでしょう。そうした「キャリア教育」や「キャリア研修」は、個人が競争に勝ち残ることだけに焦点を当てた、競争主義的な文脈に埋没したものです。個人はそうした競争の中で頑張って学び、競わされ、そして、うまくいけば選ばれるのです。こうした「キャリア教育」や「キャリア研修」における「キャリア」とは、単に他者に勝って生き残ることを意味しており、何に生きがいを求め、どのような価値を目指して生きるか、多様な役割の間でどういったバランスを取っていくのか、といったことについての深い省察とは何の関わりもありません。むしろそれを拒否するものです。

　また、こうしたキャリア教育（研修）は、勝つことに焦点づけるのみであるため、負けたときへの備えをまったく提供しません。それらはただ「負けることは無価値でありみじめであり屈辱である」というイメージを伝えるだけのものになってしまっています。

　たとえば、中学や高校、あるいは大学などの学校におけるキャリア教育では、しばしば、正社員と派遣社員の給与の差が提示されるそうです。そこでは、正社員に比べて派遣社員がいかに不利であるかが強調されます。生涯賃金でいかに格差があるかが示される場合もあるようです。確かにこれらの数字そのものは事実でしょうし、そうした事実を教えることにも、現実認識的な意味はあるでしょう。

　けれども、こうした数字が示される文脈が問題です。こうした数字は、たいていの場合、正社員と派遣社員とをコントラストを強調しながら提示することで、「勝ち組」と「負け組」とを明確に二分するような見方を誘導しています。そうして、若者を「負け組」になっては大変だと怯えさせようとしています。こうした数字を提示する意図は、おそらく、不安をあおって若者を動機づけ、「勝ち組」を目指すように仕向けることにあるのでしょう。このようなやり方がキャリア教育の名の下に行われるとすれば、とても悲しいことだと言わざるをえません。

若者の不安をあおることが「働く意欲」を高めることだという考えは、間違ったものです。働く意欲は、ポジティブなものであり、基本的に他者や社会への貢献を志向するものであって、興味や関心や生きがいなどと関連しています。「負け組」になるのが怖いとか、「勝ち組」にならないといけないといった気持ちをあおることとは何の関係もありません。むしろこうした不安が高まると、本来の意味での働く意欲の発達は阻害されてしまいます。

正社員と非正規雇用者との給与の違いを示すというような露骨なやり方ではないにせよ、どうやって正社員になるかということにのみ焦点を当てたキャリア教育には、同様の問題のある潜在的なメッセージが含まれていることが多いでしょう。

しかし、そもそも、現在の雇用情勢の下では、就労意欲のいかんにかかわらず数十％の若者は非正規雇用とならざるをえないのです。どれだけ若者が努力したとしても一定の「負け組」が発生する構造を、この社会はあらかじめ用意しているのです。それはどうしようもないことなのです。それなのに、その構造そのものを問題にすることなく、その構造の下で若者に「勝ち組」になる努力を求め、「負け組」になる不安をあおるのは、とても不合理なことだと思います。「キャリア教育」が、正社員にならなければ「負け組」であるという考えをあおればあおるほど、多くの若者の就労への志気はかえって低下してしまうことでしょう。

こうした「キャリア教育」においては、潜在的に、競争に勝ち進むことがキャリア発達であるという前提があります。競争を勝ち抜いた華々しい経歴を持つ人こそがキャリア発達を遂げた人であると見なされています。そういう人になれるように支援することがキャリア支援であると見なされています。このようなキャリア観は、単線的で、きわめて脆弱なものです。このようなキャリア観の下では、たとえ成功したとしても、豊かな人生を力強く歩むことはできないでしょう。常に転落への恐れがつきまといますし、何のために働くのか、仕事以外の多様な役割をどうバランスを取って生きるのか、といった観点が欠如しているからです。

キャリア教育とは、本来、不安をあおるものではなく、人の役に立つことがいかに自分の喜びになるかを体験する学習であるはずです。他者と自分との間にシャープな境界線を引く学習ではなく、共同作業の中で「自分のため」と「人のため」の間の境界線が溶けてなくなることを体験する学習であるはずです。どうやって競争の中で選ばれて生き残るかの学習ではなく、それぞれが自分の興味や関心を追求しながら、自分の特性を活かして、協力して生きていくすべを学ぶ学習であるはずです。そして、現在の雇用情勢の中で、正社員になるにせよ、非正規雇用者になるにせよ、どのように自分の人生を切り拓き、生きがいを見出しながら、たくましく生きていくかを考えていく手伝いをするものであるはずです。そうしたことがそれぞれにおいて実現するような社会を目指して、今、自分たちに何ができるのかを一緒に考える活動でもあるはずです。

17 「留年は就職に不利」？

ネット上でキャリアカウンセラーが書いている記事を見ていると、「就職活動にとって留年は不利です」というアドバイスをしばしば見かけます。

私は大学のカウンセリングルームで、留年学生からの相談を受けることがよくあります。もちろん、海外留学や病気療養などといった具体的で明確な理由による留年もあります。私が相談を受けるのは、そういう種類の留年ではなく、授業に興味が持てない、大学に通うモチベーションがなくなった、周囲に劣等感を感じる、などなどの心理的な理由が目立つケースが大半です。

こうした留年学生の中には、ときに、もはや大学を辞めたい気持ちが圧倒的に勝っていて、卒業を目指す気持ちはほとんど失われているにもかかわらず、退学する決心ができないために消極的なやり方で在籍し続けているような学生も見られないではありません。こうした学生は退学することを非常に怖いことだと感じているので、退学することができないのです。ウェブ上のキャリアカウンセラーの「就職活動にとって留年は不利だ」という記事は、現在の多くの企業の安易な採用傾向の認識に立ってのアドバイスだと思います。けれども、その書き方に、企業の安易な採用傾向の問題を指摘するトーンが認められず、単にそうした採用傾向の現状を当たり前の前提として、留年がいかに不利であるかを学生に警告するだけになっていることも多いようです。そのような記事を読めば、留年している学生が、留年が不利であるなら、大学中退なんてとんでもなく不利だという思いに陥ったとしても仕方がないでしょう。

つまり、キャリアカウンセラーのこうした記事は、卒業見込みの薄い留年学生をさらなる留年へと追い込む心理的なプレッシャーとなっているのです。ただ、このプレッシャーは、こうしたウェブ上のキャリアカウンセラーの記事ばかりに責任があるわけではありません。このようなキャリア観は、現代社会の至るところに見られるからです。小学校のときから、多くの子どもたちが、よい進学をし、よい就職をするために、やりたくもない学級委員をやり、ボランティア活動をやり、クラブ活動をしています。こうした努力の背後には、そういうことをしないと、キャリア上、不利になるという考えが透けて見えます。親、教師、キャリアカウンセラー、入試担当者、人事担当者など、社会が一丸となってこうしたキャリア観を支えているのです。

しかし、素人はともかく、キャリア発達やキャリア支援の専門家であるキャリアカウンセラーが、こうした貧困なキャリア観を自ら支えていていいものでしょうか？　キャリアカウンセラーこそ、もっと豊かなキャリア観を描き、こうした貧困なキャリア観を駆逐する先頭に立つべき存在ではないのでしょうか？

キャリアカウンセラーの支援は、本来、何でもいいから就職させればいいというようなものではないはずです。クライエントのキャリア発達を支援しつつ、その中で就職支援をすることにあるはずです。留年はもちろん、誰にとってもしないに越したことはないものであって、好きで留年する学生などどいないのです。けれども、たとえ留年したとしても、自分の潜在的な可能性を試したり、人間関係でどうありたいかを実験してみたり、これまで挑戦したことのない可能性にチャレンジしたりすることは、キャリア発達上、とても有用なことです。留年している学生をただそれだけの理由で最初から選考から外すというような採用方針は、結果的に、こうした試みを萎縮させ、大学生のキャリア発達を阻害してしまうものです。キャリアカウンセラーがこうした企業の採用方針を何ら批判することもなく、それを単に当たり前の「現実」として捉え、学生に「留年は就職に不利です」とただ警告することは、キャリアカウンセラーの職務の基本に反するものだと私は考えます。本来、現場でキャリア支援をしているキャリアカウンセラーであれば、こうした企業の採用方針には、誰よりも一番腹が立つはずだと思うのですが…。

留年しても、大学を中退しても、いろんな道筋がある。生き方は人それぞれ多様であっていいし、働き方も多様であっていい。少々、レールを外れても、それなりに何とかなるものだ。何を大事にして生きるかは人それぞれであり、地位や名声だけが基準ではない。それに、回り道をしたとしても、裏道に迷い込んだとしても、どこでどうひょっこり大通りに出てくるか、人生、分からないものだ。キャリアとは単に職業だけではなく、ボランティアや地域社会での役割や家庭での役割など、個人と社会との関わりにおける多様な役割を含んでいる。それを個人が自分なりにそれぞれに豊かに意味深く生きていくことが大切だ。でも不当なことに、個人がそのように意味深く豊かなキャリアを発達させていくことを阻む、無理解な現実に出会うこともある。その現実を前にどうするかは、最終的にはあなたが決めることだ。それらをすべて含めて、あなたの意志形成を支援していきたい。

キャリアカウンセラーには、現実を踏まえながらも、そういう豊かなキャリア観を描いて見せて欲しいし、そうしたキャリア観に基づいた奥行きのある支援をして欲しいと思うのです。

そんなものは非現実的だ。現実はそんなに甘くないと言う方もいるかもしれません。「留年は就職に不利だ」。それこそが現実だ。あくまでその現実認識に立って、就職支援をするのがキャリアカウンセラーの仕事だ。そう言う方もいるかもしれません。

しかしそのようなキャリア観に立った「就職支援」が、大学生に留年してはいけないというプレッシャーを生み、中途退学なんて絶対にできないというプレッシャーを生み、子どもたちにやりたくもない学級委員、ボランティア活動、クラブ活動をさせているのです。その「支援」の光の面と影の面は、いったいどちらが強いのでしょうか？

それでもやっぱり、そんなものは現実じゃないと批判される方もいるかもしれません。ある意味でその批判は当たっています。確かに私は現在の社会の主流となっている現実を唯一絶対の現実だとは見ていません。むしろ私は、その現実に取って代わるべき、今はまだマイナーな現実の方を見ているのです。そしてそういう現実もまた確かに存在しているのです。ただ、見ようとしない人には見えないだけです。

18 生活保護という困難

生活保護の受給者の就労支援をしているキャリアカウンセラーの話を聞いていると、支援するのがかなり難しいだろうと思われる状況を耳にすることがあります。クライエントにとって、まじめに就労して働いても、生活保護で受け取っている金額を超える収入を得ることは、とうてい不可能だと思われる場合がよくあるというのです。一日八時間、週五日働いて得られる収入額より、生活保護の受給金額の方が大きくなってしまうというのです。さらに、生活保護受給者は、地方税が免除になりますし、医療費、介護費、公共交通の利用費用など、各種のサポートも無料で受けられます。生活保護を外れると、当然、それらを支払わなければならなくなります。このような条件の下で就労支援をするのは非常に困難です。

別の角度から言えば、いったん生活保護を受ける状況になってしまったなら、そこから抜け出すのには並々ならぬ努力と幸運、そして強力なサポートが必要だということでもあります。

こうした条件の下では、いくら有能なキャリアカウンセラーが就労支援をしたとしても、大変な逆流の中を遡って進むようなもので、前進することはきわめて困難でしょう。

ここには非常に不合理な構造的問題があります。何とか皆で知恵をしぼって、こうした構造を是正していく必要があるでしょう。

こうした状況で就労支援をしているキャリアカウンセラーの方に伝えたいことは、この状況で効果が上がらなくてもそれはみなさんの力不足ではないということです。そして、この条件下でも就労支援が成功することがあったなら、たとえ数が少なくても、その例は多くの人たちに影響を与えるだろうということです。

私はそういう現場での経験がありませんので、この件に関して多くを論じることはできませんが、一つだけ思うことがあります。それは、「働かなくてもお金がもらえるんだから、働かないのは当然だ、その人たちはただ形だけの求職活動をしているに過ぎないんだ」というような、たまに耳にする言説についてのことです。そんなふうに簡単に決めつけることはできないのではないかと私は思います。そして、もしそういう人たちの相談に応じているキャリアカウンセラーの心にそういう考えが浮かんでくるとすれば、そのような考えはいったん脇に置いて、その人たちも心のどこかには真剣に仕事に就きたいと願っている部分があるのだと信じて話を聴く必要があると思います。信じることは、相手の中のその部分を呼び起こし、強めることとなのです。裏切られるのが怖いから信じない、信じたくないという気持ちは、理解できます。誰も傷つきたくはないですから。でもカウンセラーが持つ最も素朴で強力な影響力は、相手を信じることから生まれます。「身を捨ててこそ浮かぶ瀬もあれ」です。傷つかないように身を守れば、最も素朴で強力な影響力を放棄することになります。そして、この不利な状況下では、すべての影響力をフル稼働するしか勝ち目はないように思えます。

人はお金だけで満足できることは決してありません。傍から見てそのように見える場合でも、本人がそう言ってはばからない場合でさえ、決してそれで終わりではありません。人間はそのようにはできていないのです。ですから、そのような表面に惑わされず、その底にあるものを信じて、働きかけるのです。

19 現代社会におけるキャリアカウンセリング

今、キャリアカウンセラーを育成することは国家的事業となっています。平成二十八年に、キャリアコンサルタントは、厚生労働省が指定した民間団体が発行する民間資格から格上げされ、国家資格となりました。キャリアコンサルタントとキャリアコンサルティング技能士の累積養成数は、平成二十五年末で四万五千人ですが、国は、平成三十六年までに十万人にするという計画を発表しています。

現代社会においてはグローバル化の急速な進行をはじめとするさまざまな複雑な事情から、終身雇用制が、事実上、前提とされなくなってしまいました。雇用の流動性が非常に高い時代になってしまったのです。リストラを名目とした安易な解雇や、一方的な配置換えなども増えています。年俸制の仕事、任期制の仕事などの不安定な雇用形態の仕事も増えています。パートタイムや派遣で働く人もたくさんいます。そのような時代を前提として、一つの仕事から別の仕事への移行を余儀なくされた人たちがスムーズにその移行を遂げられるよう助ける仕事が必要だという議論がなされ、キャリアコンサルタントという資格制度が誕生したのです。厚生労働省が平成十四年に発表した「キャリア形成を支援する労働市場政策研究会」の報告書からは、そうした議論が読み取れます。

しかし、こうした時代になって初めてキャリアカウンセラーという仕事が誕生したわけではありません。ずっと以前からキャリアカウンセリングはありました。そもそも心理カウンセリングの歴史をたどっていくと、一世紀以上昔の二つの源流にたどり着きます。一つはヨーロッパにおける精神分析であり、もう一つがアメリカにおける職業指導運動、つまりキャリアカウンセリングなのです。

とはいえ一九九〇年代までのキャリアカウンセリングと、今のキャリアカウンセリングはかなり違っていると思います。もちろん、クライエントが自己を社会的に表現するのを助けていく過程であるという、その基本は同じです。しかし、キャリアを取り巻く社会的状況が著しく変わってしまったために、相当、違っているところが目立つのです。一九九〇年代までのキャリアカウンセリングと言えば、ほぼ青年期における職業選択の相談のことでした。企業に終身雇用制がしっかりと根付いていたからですし、多くの人が働くことについてかなり共通の価値観を持っていたからです。しかし、今は違います。現代におけるキャリアカウンセリングはもっと多様な年代における多様な人々を対象とし、多様な価値を扱っています。

今は、仕事と家庭とその他の活動とのバランスをどう取るかについての価値観が、人によってかなり多様になっています。仕事一筋をよしとする昔ながらの価値観を持っている人もいますが、とりわけ会社勤めの場合、仕事一筋をよしとする価値観はかなりマイナーなものになっていると思います。そのような価値観はむしろ「会社人間」「組織の歯車」「社畜」などと呼ばれ、支持されなくなりつつあります。

会社を愛し、残業代が払われなくても一生懸命残業して働いて、会社に尽くしてきたのに、切り捨てるようなやり方でリストラを言い渡されたというような、報われない体験がサラリーマンの間に広がるにつれ、仕事一筋に働いても甲斐がないという諦め感が広がっているように思えます。文化的に言って、日本にはもともと勤勉な性格の人が多く、まじめにこつこつ働くことが好きな人が多かったのです。しかし、ここ数十年、終身雇用制が崩れてから、その性質を発揮する最大の場が失われました。

終身雇用の正社員枠が小さくなっていく中で、正社員になれた者が「勝ち組」で、派遣やパートやフリーターは「負け組」だとする言説が優勢になってきました。実際、正社員と派遣社員とでは、実際の仕事内容にはさほど違いがないのに、給料は倍ほども違うという話もよく耳にします。生涯賃金の差は億単位に上るなどという話もあります。だから正社員こそが「勝ち組」

で、正社員にならないと大変なことになるというのです。

ところが最近になって、こうした風潮をあざ笑うかのように、正社員とはすなわち「社畜」であって「負け組」である、派遣社員でも週に三日働いて月十五万円そこそこの収入を得て、残りの週四日は本当にやりたいことに打ち込む生活をするのが「勝ち組」だという主張をする若者たちが現れてきました。そういう主張を負け犬の遠吠えのように必死でするのではなく、さわやかに、伸びやかにしてみせる若者たちが登場してきたのです。そういう価値観に基づいた「緩い就職」を目指す説明会に、多くの優秀な若者がますますひきつけられるようになってきているといいます。そのように時代の価値観はシフトしつつあるのです。こうした若者の価値観は、グローバリズムや経済優先の価値観と対抗して発展してきた「スロー・ライフ」や「緑の思想」などと呼ばれる、力強い運動や思想とも軌を一にしたものです。

こうした若者をこのように肯定的に捉えることに対して、さまざまな批判的意見があることも承知しています。こうした若者の出現は、結局はグローバル企業に好都合であり、現在の不合理な雇用のあり方を結果的に支えてしまうことになるのじゃないか、やはり安定的な雇用である正社員の枠を合理的に増やすよう求めていくことが必要なのであり、彼らの出現はそう訴えていく運動に水を差すことになるのではないか、などです。

結果的にはそのような影響がある部分もあるのかもしれません。確かに彼らの出現には現状に対する適応という要素も含まれているでしょう。しかし私には彼らの出現がただ単に現状への受動的な適応に留まるものとは感じられません。そこには、彼らをそのように見る見方自体が時代遅れのものなのではないかと思わせるような創造的な要素が感じられます。それに加えて、こうした若者が増殖していくことは、一見したところとは裏腹に、グローバル企業にとって脅威でありこそすれ、決して歓迎されることではないと思います。グローバル企業が前提としている価値観をまったく意に介さないこうした若者がどんどん増えていけば、グローバル企業は破綻してしまうからです。出世欲がないので、出世をちらつかせて残業させることもできないし、流動性に適応しているのでクビをちらつかせて脅しても同じです。第一、物欲が強くないのでCMでいくらあおってもそんなに消費しない。そしてまったくお金にならないボランティア活動や文化的・芸術的活動に肩肘張らずに取り組んでいく。彼らは経済原理では動かない体質なのです。

ここでこうした青年たちの価値観についていくら熱く論じたところで、この議論への結論は出ないでしょう。おそらく、これは資本主義社会がどのような終焉を迎えるのかという問題と無関係ではないでしょう。数十年先に結論が出るのを待ちましょう。いずれにせよ、カウンセリングの現場では、カウンセラー自身がどのような考えを持っているにせよ、個々の青年の考えや思いをしっかりと聴き、状況に応じて柔軟に対応することが必要です。そして、ここで押さえておきたいことは、かつてのキャリアカウンセリングにおいては、そのような多様な雇用状況も、それに対する多様な価値観も、そこまで考慮する必要はなかったということです。

こうした青年たちの多くは、現在の企業や官公庁などの既存の主要な組織に、もはや希望や価値を感じることができないのかもしれません。そしてそれこそが、多くの青年がひきこもったり、就職への動機づけがいまひとつ高まらずにいたりする背景要因なのかもしれません。先進諸国の若者たちにおけるカルトや反社会的組織への同調の問題も、これと同列の問題です。既存の企業や官公庁で働くことに夢を抱けないので、カルトや反社会的組織に走ってしまうのです。そこをよく理解せず、単にカルトや反社会組織の危険性だけを強調しても、そうした若者たちを引き留めるのは難しいと思います。

つまり、若者のひきこもり支援やカルト対策と、キャリア支援とは表裏一体のものだということです。現在の既存の企業や官公庁に希望や価値が感じられないのであれば、彼らの中にある疑問や反発に声を与え、それを社会的な形にしていく援助をしていきましょう。本来の意味でのキャリア支援は、既存の組織への就職を支援する活動だけではありません。時代が求めている新しい価値を担う、創造的な活動への取り組みを勇気づけるような支援も含まれているのです。新時代のキャリアを開拓していくような支援こそ、閉塞した現代の状況において最も求められているキャリア支援なのです。

繰り返しになりますが、おそらく、多くの先進的な若者が、単に経済成長を求める多くのグローバル企業にも、そうした企業の活動を後押しする官公庁にも、希望や価値を感じていないのではないかと思います。そうした組織の活動の延長線上には、後戻りできない地球環境の破壊が見えているからです。そうした状況を何とかしたいという願いが、多くの若者の心の内にくすぶり、うっ積しているように思えます。彼らの思いを何らかの社会的な活動として創造的なエネルギーに変換していく援助が必要なのです。

そのように考えると、現代という時代だからこそ、キャリアカウンセリングと心理カウンセリングの重なりはますます大きいと言わねばなりません。

中高年層における転職の支援にしても同様です。ほとんどのケースで、同じ価値観、同じ職業観、同じ人生観のままで、単にあっちの職場からこっちの職場、あっちの仕事からこっちの仕事へと移ることはできないでしょう。さまざまな傷つき、挫折、喪失の体験があります。これまでの生き方を見つめ直し、これからの人生をどう生きるかを考え直す作業が求められます。価値観を大きく再編することが必要になることも多いでしょう。そうした過程をサポートし、ともに歩むキャリアカウンセリングは、かなりの程度、心理カウンセリングと重なります。

20 価値との接触を促進する

人はパンのみにて生きる者にあらず
——新訳聖書マタイ伝

キャリアカウンセラーの話を聞いていると、カウンセラーが就職の相談をただ経済の問題としか見ていないために、クライエントとの間にギャップが生じてしまっている場合があるように感じることがあります。クライエントにとって、仕事は単に生計を立てる手段ではなく、生きる意味やどのような価値を大事にして生きるかという問題でもあるのです。

非常に多くの人が目先の不安の解消という小さな課題に捕らわれ、肯定的な価値の実現という人生における大きな課題への取り組みを後回しにして生きています。そして、ついには肯定的な価値の実現という課題を完全に忘れてしまい、本人にとっても意味の薄い人生を生きるようになっているのです。

ある就活中の女子大学生は、一流企業への就職を目指して必死の努力を続けていました。彼女は次のように話しています。「周りの人から『出来ない子』って思われるんじゃないかと不安で仕方がない。そんなふうに思われたくないんです。だからどうしても名前の通った企業に就職しなくちゃいけないんです」

「その不安から解放されたとき、あなたは何がしたいですか？　あなたがこの人生でしたいことは？」

「分からない。そんなこと考えたこともない」

「もしあなたが今事故で死んだとしたら、周りの人から『出来ない子』と思われないようにするという目標を達成するためだけに必死で頑張って二十一年生きた女性、ここに眠るっていう墓碑ができるんでしょうね」

私がこのように言ったとき、彼女の頬をぽろぽろと涙が伝いました。

カウンセリングは、単にマイナスをゼロにするだけのものではありません。また、キャリアカウンセリングは、単に就職させればいいというものではありません。クライエント自らが「不安でなくなることが目標です」「一流企業に就職することが目標です」などと言明していたとしても、カウンセラーはその言葉だけから相談の目標を取り決め、それですべて終わりにするわけにはいかないのです。

つまり、冒頭のクライエントのカウンセリングにおいて、出来ない子とみなされる不安をゼロにする援助を考えるだけでは十分ではないということです。マイナスをゼロにする援助だけではなく、プラスを掘り起こす援助が必要なのです。「出来ない子」と思われたくないために一流企業への就職を目指しているとき、単にそれをそのまま支援するだけでは、たとえ彼女が一流企業に就職できたとしても、キャリアカウンセリングとして成功した例だと単純には言えないということです。彼女を、肯定的な価値に目覚めさせる援助が必要なのです。

価値とは「この地球という星の上で過ごす短い時間をどのように過ごしたいか」ということを思うとき、胸の奥深くに感じる願望のことです。価値とはまた、一回限りのこの人生で何を大切にしていきたいか、どのように行動したいか、どんな人になりたいか、どんなよさや強みを伸ばしていきたいか、ということを言葉にしたものです。価値は、日々の生活において私たちを導き、私たちの行動を動機づけます。

価値をはっきりと自覚している人は、たとえ不安や恥を体験することになったとしても、価値を実現するための行動にしっかり取り組んでいきます。そういう経験を重ねる中で、その人の人生において、不安や恥の果たす役割はどんどん小さくなっていくのです。

逆に、人生において不安や恥が非常に大きな役割を果たしている人、不安や恥を過大評価している人、何よりもまず不安や恥を避けることを最優先にして生きている人は、価値と接触していないことが多いでしょう。

伝統的なカウンセリングは、価値の問題をこれまであまり扱ってきませんでした。これは、クライエントが抱えている病気を治す、クライエントが相談に持ち込む問題を解消する、といった視点、つまりマイナスをゼロにする視点が中心的だったためです。クライエントが人生においてどんな価値を実現したいのかを探索し、その価値にコミットするよう促すというのは、マイナスをゼロにするのではなく、プラスをもたらす視点です。

人は目立つものに注目します。悩みの相談においてもそうです。悩みの相談で目立つのはクライエントの持ち込む問題です。クライエントに欠けているものはスルーされがちです。クライエントに何が欠けているかをアセスメントし、欠けているプラスのものを呼び醒ます援助が必要です。

「出来ない子と思われない」ようにして生きることばかりに必死になり、自分が楽しいと思うこと、面白いと感じること、やりがいがあると感じることを追求することをまったく見失ってしまうなら、その生き方はどこかで挫折するでしょう。たとえ馬鹿にされたとしても、自分が面白いと思うことをやれるようになれば、人生はずっと満足だし、楽でもあるということが分かるはずです。

そのためには、その人の中に長年深く埋もれていて顧みられていない価値に目を向けるよう促し、揺るぎないやり方でしっかりと問いかける人が必要なのです。

第2部　理論編

第２部では、現在のキャリアカウンセラーにとって、実践上、重要と思われる代表的な心理カウンセリングの理論と技法を紹介していきたいと思います。できるだけ実際に相談現場で役立つよう、そのエッセンスに絞って分かりやすく紹介したいと思います。

1　心理カウンセリングの理論

心理カウンセリングにはさまざまな理論があります。心理カウンセリングは社会の近代化に伴って十九世紀末に誕生し、発展してきました。人間の悩みや問題行動は複雑なものですから、それに対する治療法ないしは対処法にも多種多様なものがありえます。そうした多種多様な心理カウンセリングのやり方は、しばしば「学派」と呼ばれています。心理カウンセリングの百数十年の歴史の前半は、学派闘争の色合いが濃かったと言えます。さまざまな学派が生まれ、論争が巻き起こり、対立が生じました。現在もなおその闘争は続いています。

しかしながら、これまでになされてきた信頼できる調査で、実際の臨床場面において、特定の学派が他の学派よりも効果が高いと説得力をもって証明されたことは一度もありません。学派間の治療効果の違いよりは、むしろ、同じ学派内でのカウンセラー同士の個人差の方がずっと大きいということが分かっているのです。

にもかかわらず、今もなお、学派の覇権争いは続いています。

しかしこうした覇権争いの無意味さに気づいたカウンセラーたちもたくさんいます。現場のカウンセラーにとっては、どの学派が一番有力かなどということはどうでもいいことです。クライエントの役に立つにはどうすればいいのかが問題なのです。心理カウンセリングの歴史の後半においては、学派の覇権争いに参加せず、学派の垣根を越えてクライエントにとって何が一番効果的であるかを追究するカウンセラーたちが増えてきました。こうしたカウンセリングのやり方は、統合的アプローチと呼ばれています。

二十世紀の終わりごろまでに、このように学派の垣根に捕らわれずに統合的アプローチを取るカウンセラーたちが徐々に増えてきました。とはいえ、だからといって、学派というものがなくなったわけではありません。不必要になったわけでもありません。今なお心理カウンセリングの世界は、それぞれに特徴のある考え方や実践方法を提唱する学派の興隆や発展によって支えられているのです。

以上を踏まえながら、このあと、現在のキャリアカウンセラーにとって、実践上、有用と思われる心理カウンセリングの理論と技術を紹介していこうと思います。

というのも、現在刊行されている多くのキャリアカウンセリングのテキストには、心理カウンセリングの代表的な理論が概説されているものの、その記載は非常に抽象的で大雑把なものが多いように思われるからです。このような状況では、キャリアカウンセラーの方のカウンセリング能力が上がらないのも無理はありません。多くのキャリアカウンセラーは、心理カウンセリングを本当には知らないまま、非常に抽象的で概念的な理解だけをもって現場に臨んでいるのではないかと推測します。本書の第2部は、ささやかながら、キャリアカウンセラーの方に心理カウンセリングをより生き生きとお伝えすることを目指したいと思います。ごく初歩的なことだけしかお伝えできませんが、より本格的な心理カウンセリングの入門書へと至る橋渡しになればと願っています。

2　心理カウンセリングを大きく分類すると

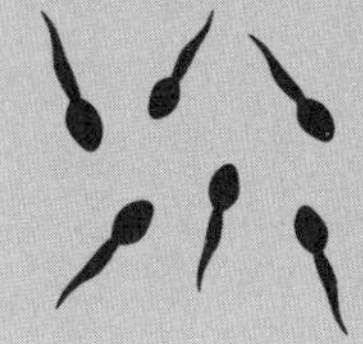

心理カウンセリングには非常に多くの学派があると言いましたが、今、それを大きく三つに分けてみましょう。洞察志向アプローチ、行動療法的・認知行動療法的アプローチ、システム論的アプローチの三つです。すべてのカウンセリング学者がこの分類に全面的に同意するわけではないでしょうが、ある程度の同意は得られるものと思います。

洞察志向アプローチ

洞察志向アプローチは、最もオーソドックスな心理カウンセリングです。このアプローチでは対話によってクライエントに気づきをもたらすことを重視します。クライエントに気づきをもたらすということは、クライエントには気づいていないことがあるということです。つまり、このアプローチは、無意識の心理学を背景に持っているということです。このアプローチに属するカウンセラーは、対話によってクライエントの気づきを拡張していこうとする点で共通しています。受容や共感を基本的に大事にし、クライエントとの人間関係を重視するという点でも共通しています。ただし、なぜある心の動きが無意識的になっているのか、カウンセラーはどうやってそれを理解するのか、どのようにそこに気づきをもたらすのか、といったことについては、かなり幅広いヴァリエーションの考え方があります。

こうした伝統的な対話的カウンセリングは、しばしば話を聴くだけ、つまり傾聴に徹するものだと思われているようです。そういうカウンセリングもあるのは事実ですが、それが典型や標準ではありません。こうした立場のカウンセラーは、クライエントの気づきを深めるために、クライエントが決して自分からは注意を向けないような領域に注意を向けるよう、何らかのやり方で積極的に促していくのが普通です。

精神分析という大きな傘の下に入る多くの学派。アドラー心理学。ユング心理学。来談者中心療法やそこから発展したフォーカシング。ゲシュタルト療法。こういった学派がここに入ります。

行動療法的・認知行動療法的アプローチ

洞察志向アプローチは、相談室や診察室で、実際に相談に応じる現場の実践家によって開発されてきました。これとは対照的に、相談現場とは無関係に、大学の研究室で純粋に科学的・学問的に発展してきた心理学を、人の苦悩や問題行動の改善のために応用しようという試みから誕生したのが行動療法です。

行動療法は、ハト、ネズミ、イヌなどの動物を対象にしてなされた学習についての実験研究に基礎を置いています。それゆえ行動療法の科学的基礎は非常に堅固です。

行動療法の立場に立つカウンセラーは、クライエントの話を聞いたり、クライエントの行動を観察したりして、クライエントの行動を分析し、クライエントの問題行動は何か、何がその行動を引き起こす刺激になっているか、何がその行動の頻度を高める報酬となっているか、などなどを検討します。そしてクライエントの問題行動を変化させていく手助けをします。

行動療法は、動物実験からスタートしたこともあり、とりわけその初期においては「行動」をそのターゲットとしていました。つまり人間の悩みの非常に重要な要素である、「考え」を扱うことが不得手だったのです。そこに、行動療法を基礎としながらも、クライエントの「考え」を取り上げ、そこに認められる不適切な「考え」に変化をもたらすことが大切だと考えるカウンセラーたちが登場してきました。そうした人たちが提示した多種多様な方法は、認知行動療法と呼ばれています。

行動療法の中にもさまざまな学派がありますし、認知行動療法の中にもさまざまな学派があります。しかし、これらの学派はいずれも実際の相談場面でかなり共通した技法を用います。カウンセラーがクライエントに変化を引き起こすために、説明したり、教えたり、手本を見せたり、あからさまに指示的な役割を取ったりするという点でも共通しています。面接場面におけるカウンセラーとクライエントとの間の人間関係を軽視するわけではありませんが、クライエントの生活場面での人間関係により注目します。カウンセラーは宿題を出して、クライエントが日常生活場面で変化するよう援助します。

システム論的アプローチ

以上のアプローチはいずれも、基本的に問題を呈している個人をターゲットにしています。これとは対照的に、システム論的アプローチは、誰かが問題を呈しているときに、その個人が「問題」だと言えるだろうか、その個人の中に「問題」があると言えるだろうか、と問いかけます。たとえば、子どもが不登校という問題を呈しているとき、その子どもが問題なのかということです。父親と母親との間に夫婦げんかが絶えないような緊張した関係が続いている中で、子どもの不登校問題が現れてきたとしたらどうでしょうか。夫婦関係が改善されるにつれて、子どもは特に援助を受けなくても、徐々に登校し始めることもよくあります。

システムとは、非常に複雑なやり方で相互に影響し合う多くの部分から構成されている全体のことです。身体もそうです。家族もそうです。会社や学校もそうです。地球の生態系もそうです。システムに何らかの無理や緊張があるとき、そのシステムの一部に問題が現れます。もしシステムの無理や緊張を放置したままで、その部分だけを取り出して治したら、今度はシステムの別の部分に問題が現れます。そのような現象は、さまざまなシステムに共通して見られるのです。

システム論的アプローチとは、問題を呈している個人を単独で取り出して変化させようとするのではなく、その個人をシステムの一部として理解し、その問題をシステムのひずみの表れとして理解していこうとするアプローチです。

こうしたことを背景として、システム論的なアプローチの最も代表的な援助の形は、家族やカップルを一つのシステムとして扱う家族療法やカップル療法です。カウンセラーは自ら一時的に家族システムに加わり、新しいシステムを形成しながら、メンバー間の相互作用を変化させるよう働きかけます。

以上の分類のどれにも当てはまりにくいカウンセリングの学派も存在します。分類とはそういうものです。また、見方を変えれば、もっと他の分類も可能ですし、そうなると右の分類では異なる種類のものとされていた学派が同じ種類とされることもありえます。

学派については、最後にもう一つ、お伝えしておきたいことがあります。それぞれの学派はずいぶん違っているように見えます。それぞれの学派の入門テキストを読んでも、他の学派との違いが強調されて説明されていることも多いでしょう。けれども、実際には異なる学派間には、通常、思われている以上に共通するところが大きいのです。それぞれの学派を担う立場の人たちは他学派との共通点に焦点を当てることはまずないので、違いばかりが目立ってしまうのです。

このあと、こうした多様なカウンセリングの学派の中から、代表的なもの、また現在のキャリアカウンセリング現場において有用であろうと思われるものを紹介していきます。その際には、学派を問わず汎用的に役立つと思われる考え方や技術を、できるだけ専門用語を排して紹介したいと思います。

3　もう少し、学派の整理

　前章では心理カウンセリングのさまざまな学派について、大きく分類して説明しました。けれども、心理カウンセリングについて親しむには、まだもう少し補足的な説明が必要かもしれません。初学者が心理カウンセリングを学ぼうとするとき、研修会や書籍の中で触れられている学派が全体の中でどういう位置づけにあるものなのか、似たような名前の学派がいくつもあるが同じなのか違うのかなど、疑問や混乱が生じることが多いからです。ですから、ここでもう少し詳しい説明をしておきたいと思います。差しあたり、こうした疑問や混乱を感じる状況にない人にとっては、この章は退屈なだけでしょうから、読み飛ばしていただいて構いません。

　これまで述べてきたことからお分かりいただけるかと思いますが、心理カウンセリングの学派は、政治の世界における党派や、芸術や技芸の世界における流派などとよく似ています。学派内にも下位の学派が多様に形成されていることが多いですし、ときには下位の学派が大きな勢力となって分派することもあります。独立した学派になるか、学派内の学派に留まるかは、純粋に学問的な問題ではなく、その学派を取り巻く政治上あるいは人間関係上の問題の要素がかなり含まれているようにも思えます。そうしたことも、初心者が心理カウンセリングを学んでいく際に、混乱してしまう原因となっているのではないかと思います。

さて、最も古い学派である精神分析は、十九世紀の末に成立して以来、百数十年の間に、その内部に多様な学派内学派を抱えるようになってきました。また、精神分析から分派して独立した学派もあります。精神分析の影響を色濃く受けながら成立した学派もあります。先にご紹介した洞察志向的アプローチという分類は、これらの総称だと言っていいでしょう。

精神分析は大きな影響力を持ちながら、ウィーンからヨーロッパ全土へ、またアメリカ合衆国へと、世界中に広がっていきました。そして、その土地の知的風土や文化に影響を受けながら多様に発展していったのです。

精神分析の歴史の中で、かなり早い時期に分派し、独立した学派に、カール・G・ユングのユング心理学と、アルフレッド・アドラーのアドラー心理学があります。ユング心理学は「分析心理学」が、また、アドラー心理学は「個人心理学」が本来の名称です。けれども、創始者の名前を冠した呼び方の方が分かりやすいためか、一般にはそちらの呼び方が定着しているようです。

精神分析の内部にある学派は、それだけでも優に十指に余ります。代表的なものだけを挙げても、自我心理学派、対象関係学派、自己心理学派、対人関係学派、クライン派、英国独立派、ラカン派、実存分析、などが挙げられます。

精神分析の影響を大きく受けながら成立した学派の一つに、来談者中心療法があります。来談者中心療法は、はじめは「非指示的療法」という名前で出発しました。発展の途上で「来談者中心療法」と名前を変えました。この学派は、次第にカウンセリングや心理療法の領域を超えて、紛争解決や教育改革などにも関与するようになっていきました。そのため、最終的にはこの学派の全体に対する名称として「パーソン・センタード・アプローチ」が用いられるようになりました。このように同じ学派が、発展途上で名前を変えることもしばしばあります。またその理論や技法の中身も発展途上で変化していくことが多いのです。そのことも初学者にとっては、混乱のもととなっているかもしれません。

行動療法、認知療法、認知行動療法は、いったいどう違うのか？　これもよく尋ねられる質問です。

これらの一連のセラピーの流れは、歴史的には、行動療法から始まります。精神分析より遅く、一九五〇年代のことです。行動療法の一番の特徴は、科学的な実験心理学に基礎を置いていることです。中でも特に「行動主義」と呼ばれる考え方の実験心理学に依拠しています。それゆえに「行動療法」なのです。

行動主義の心理学は、心理学をより科学的なものとするために、客観的に観察可能な行動を研究対象として出発しました。感情や思考は、第三者によって客観的に観察することができません。当人自身にしか観察できないものです。ですから、科学的に研究することが難しいのです。そのため、まずは客観的に観察可能な行動の研究から始めたのです。最もよく研究されたのは、イヌやネズミやハトの行動でした。そこから得られた知見を臨床的に応用したのが行動療法です。

認知行動療法は、行動療法から分派する形で生まれました。行動療法が、人間に特有で、外からは直接的に観察できない行動である思考（言葉を使って考えるという行動）を、十分に扱うことができないことに不満を持った行動療法家の集団が、行動療法に思考を扱う介入（認知的介入）を取り入れる運動を始めたのです。一九六〇年代に、基礎心理学において、それまで優勢であった行動主義の心理学に代わって、情報処理モデルに基づいた認知心理学が優勢になってきた（認知革命）という時代背景もこの運動に拍車をかけました。

行動療法に認知的介入を取り入れる際に、彼らがモデルにしたのがアルバート・エリスの「論理情動行動療法」とアーロン・ベックの「認知療法」です。結果的に、「論理情動行動療法」、「認知療法」、「これらを取り入れた行動療法」は、多少のニュアンスが異なるものの、大きく言えばよく似たセラピーになりました。それゆえ、これらは包括的に認知行動療法と呼ばれることが増えてきました。アーロン・ベックも、最終的には、自らのセラピーを「認知行動療法」と呼ぶようになっています。

しかしながら、認知的介入は、基本的に臨床場面で経験的に開発されてきたものであって、厳密な科学的基礎実験に依拠したものではなかったので、これらを取り入れることを拒否し、あくまで行動療法というスタンスを貫く立場も残ったのです。さらに言えば、行動主義心理学の近年の発展は、思考や言語行動についても、厳密な基礎実験に基づく有用な知見をもたらしてきました。その結果、第三世代の行動療法と呼ばれる新しい行動療法の流派が、近年、次々に誕生しています（ちなみに、この言い方に従うと、認知行動療法が第二世代の行動療法です）。第三世代の行動療法には、アクセプタンス＆コミットメント・セラピー、弁証法的行動療法、機能分析心理療法、行動活性化療法などがあります。

システム論的アプローチにも、さまざまな学派があります。この中には、家族療法やコミュニティ心理学が含まれます。家族療法にも、マレー・ボーエンの多世代派、サルバドール・ミニューチンの構造派、ＭＲＩグループのコミュニケーション派、スティーブ・ドシェーザーとインスー・キム・バーグの解決志向アプローチなどなど、多くの学派があります。残念ながら私はこの領域についてはあまり明るくなく、これらの学派のダイナミックな発展の経緯を詳しくお伝えすることができません。まあ、心理療法の世界はそれほどまでに広大なのだとも言えるでしょう。

みなさんも、もし心理カウンセリングや心理療法に興味を抱き、学んでいこうと思われたなら、そのあまりの広大さに圧倒されることがあるかもしれません。人の悩みや問題を理解し、援助しようとする努力にはそれほど広がりがあるということなのです。どうぞ自分の興味のあるところから、取っ付きやすいところから始めてください。そして、あせらず、小さな一歩一歩を楽しんで歩んでいきましょう。それこそが、遠くまで行ける秘訣なのです。

4　行動療法　エクスポージャーの考え方

行動療法は、ハト、ネズミ、イヌなどの動物、そして人間を対象とした膨大な実験的研究に基づいています。そして、それらの研究は、学習心理学とか、行動分析学とか呼ばれる学問を形成しているのです。

この学問の基本は、二十世紀初頭に発見された二種類の学習メカニズムにあります。それらは、レスポンデント条件付けとオペラント条件付けです。それらについては、残念ながらここでは詳述できません。他のテキストに当たっていただきたいと思います。

ともかく、行動療法家の援助は、実験によって得られた学習についての科学的知見に根ざしています。また、人間の問題行動をこうした理論的視点から理解していきます。ここでは、それらがどのように相談実践に役立つかを、少し紹介してみましょう。

不安を引き起こすものを、人は反射的に避けてしまいます。それはとても自然な反応です。誰でもそうします。避けることで、不安にならずにすむのです。だから避けるという行動は短期的に見れば有用なものなのです。けれども長期的に見ると、このことが大きな害をもたらしていることが非常に多いのです。

人前で話すことに不安を感じる人が、そういう場面を避け続けていると、そのときはよくても、長期的に見れば、そういう場面に普通に参加している他の人と比べて、人前で話すスキルが身についていきません。そうすると、ますます避けるべき理由が大きくなっていってしまいます。

また、今では過去に痛い経験をしたときとは状況が違っているので、避けないで参加してみても大丈夫になっていることもあります。実際、参加してみたら意外に大丈夫だったということはよくあります。けれども、もしその人がその場面を避け続けていれば、そのことは分かりません。大丈夫だということが分からないので、その人はさらに避け続けるようになりがちです。

もしその不安が、学習された不安であり、不適応的な不安であるならば、思い切って不安を引き起こすものにオープンな構えをとってそれに触れていくなら、その不安は徐々に低下していきます。このとき、恐れているような結果が生じないという体験をすることが重要です。もしこうした条件が満たされれば、不安は確実に低下していきます。このことは動物実験によって十分に確認されてきた心理学的知見であり、自信を持って言えることです。

たとえば、特定のケージで電気ショックを受けてから、そのケージを怖がるようになったイヌのことを考えてみましょう。そのイヌが、電気ショックが生じないという条件が保証された上で繰り返しそのケージに十分に長く留まるなら、そのケージに対する怖さは徐々に和らいでいくのです。

しかしながら、このように非常に単純明快な原理も、実際にうまく運用するのはかなり難しいです。とりわけその不安が対人的・社会的な場面に関するものであるなら、相手の反応は予想がつきませんから、がむしゃらに恐れている場面に突撃すれば、現実に恐れていた結果（拒絶されるなど）が生じてしまい、かえってこじらせてしまうことも多いでしょう。

対人的・社会的な場面に関する不安ではなく、高いところが怖いという場合のような物理的な状況に対する不安の場合なら、より容易にこの原理を運用して不安を緩和できるかと言うと、必ずしもそうではありません。高いところが怖い人の場合でも、いきなりスカイダイビングをすれば治るというようなことはありません。ここで言っているのは、恐れられた対象との物理的な接触のことではないのです。心理的にオープンに接触することが重要なのです。つまり、その恐れの対象に心をオープンにして触れていくことが必要なのです。心を閉ざしたまま接触しても、不安や恐れは低下しません。怖い、怖いと思いながら、嫌々ながら、受け身的に、心の目を閉ざし、息をつめて、我慢して、物理的に接触しても、効果はないのです。

また、「高いところ」という物理的な状況が怖いように見える場合でも、詳しく調べていくと、実は「高いところ」そのものが怖いというよりも、高いところにいるときに感じられる心の中の衝動が怖いのだと分かることもあります。つまり、高いところにいると、そこから飛び降りる衝動が出てきて、それを制御できないのではないかと怖くなるというような場合です。こうした場合、エクスポージャーの対象は高いところではなく、高いところにいるときに飛び降りたくなる衝動です。その衝動にしっかり注意を向けて、心をオープンにして触れていくよう援助しなければ、いくら高いところに連れて行ってみても、不安は低下していかないのです。

このように不安の対象に心を開いて触れていく作業をエクスポージャーと呼びます。エクスポージャーを実際に効果的に行うためには、さまざまな工夫が必要です。その最も基本的なものが、スモール・ステップの原則です。いきなりすごく怖いものに挑戦しないということです。現状をよく認識し、そこから挑戦してみようという気になれる、小さな一歩を目指す。常に現状をしっかりと見つめ、小さな一歩で歩みます。もしうまくいかないことがあるとすれば、その一歩は大股でありすぎた可能性が高いのです。もっと小さな歩幅での一歩を考え直します。

多くのクライエントが、あせりから、大股すぎる目標設定をしてしまい、失敗する、ということを繰り返してきています。その結果、自分はどうあがいても変わることなどできないんだと絶望してしまっていることもよくあります。

目標設定は非常に低いものからスタートすることが無難です。クライエントにできそうかどうかを、「まるでできそうな気がしない」を0、「絶対できる」を10とする物差しで尋ねてみて、最低でも7以上の答えが返ってこなければ、その目標は高すぎると言えるでしょう。むしろクライエントが「そんな目標でいいの？」と驚くような低いところからスタートするのがコツです。クライエントがもっとできるのにと不満そうにしても、「まずは実際にその目標が完全に達成できていると見せてもらってからね」と、はやるクライエントを抑えるのがカウンセラーの役目です。

エクスポージャーを実際に行うためのまた別の工夫は、イメージで行うことです。たとえば、面接で極度に緊張するという人の場合、何度、実際の面接を経験しても、つまりどれだけ場数を踏んでも、いっこうに緊張が下がらないということがよくあります。スモール・ステップの原則を思い出して、カウンセラーとの間で、短い時間の面接のロール・プレイを繰り返すのもよいでしょう。それとは別に、イメージを用いることが効果を上げることもあります。スポーツの領域でも、イメージ練習は、実際に身体を使った練習では遂げられないような効果を上げることが知られています。実際に身体を使った練習に取って代わることはできませんが、イメージ練習は、それとはまた異なる次元で効果をもたらすのです。

イメージ練習では、クライエントにリラックスして目を閉じてもらい、不安を引き起こす場面を想像してもらいます。不安が高まってきたら、そこでイメージの時間を止めてもらいます。その場面にじっくり留まりながら、そこで心に感じる感情、浮かんでくる考え、身体の感じなどを、しばらくありのままに感じてもらいます。一分ほど留まったら、目を開けて、イメージがどんなふうに展開したか、その間にどんな体験があったかなどを話してもらいます。「最高に不安」を１００とし、「まったく不安でない」を０としたら、イメージ中の不安のピークではいくつぐらいだったか、その場面に留まっている間にいくつぐらいになったかを報告してもらいます。ほとんどのクライエントが不安の低下を報告します。同じことを何度も繰り返します。繰り返すたびに、ピークの不安レベルも下がってきます。

エクスポージャーを実際に生じさせるために、他にもさまざまな工夫が考案されてきました。もっと詳しく知りたい人は行動療法の専門書を当たってください。エクスポージャーは古典的な行動療法の中心的な技法であり、シンプルで非常に信頼性の高い原理に基づいています。ただし、原理の単純さとは裏腹に、その実際の運用にはかなり高度な見立ての力や介入の組み立ての技術を必要とします。

5 行動療法 過剰な行動と過少な行動

カウンセリングには「問題」が持ち込まれます。カウンセラーはクライエントの話を聞いて、どんな問題があるのかを判断しようとします。不安、緊張、飲みすぎ、食べすぎ、暴力、自傷、過剰なギャンブル、過剰なゲーム、過剰なショッピング、などなど、問題とは「なくしたい行動」あるいは「減らしたい行動」です。

こうした問題行動は目立ったものですし、一刻も早く取り除きたいものであることも多いので、どうしてもそこばかりに注意が向かいがちです。しかし、クライエントの生活にこうした「過剰な行動」が存在するとき、それに隠れて「過少な行動」があることが普通です。過剰な行動は目立つものですが、過少な行動は沈黙しており、積極的にアピールしてくることはありません。カウンセラーの側が注意して探していかない限り、話題には上らないか、上ったとしても些末なこととしてついでに触れられるだけであることが多いでしょう。

たとえば、問題飲酒をやめられないあるクライエントは、とてもまじめで責任感が強く、自分のことは後回しにしてでも会社のこと、家族のことをしっかりやるという傾向が顕著でした。疲れていても積極的に休みを取りたいと主張することはありませんでしたし、仕事を適度に合理的に他の人に回すことにも遠慮がちでした。つまり、他者と同じように自分を大事にする行動が極度に少なかったのです。

面接開始の時点において、クライエントが問題にしていたのは、当然のことながら問題飲酒でした。自分を大事にする行動が少ないことについては、クライエント自身は特に問題とは考えていませんでした。けれども、どんなときにお酒が飲みたくなるのかをていねいに尋ねていくと、「どうせみんな私がどうなったって構いやしないんだ」という考えが浮かんできたときだということが明らかになってきました。この考えは、彼が許容限界を超えて他者のために自己犠牲的に働いているということを示しています。もし彼がもう少し自分を大事にする行動を積極的に取っていれば、こんな考えが出てくることも減るものと期待されますし、そうなれば結果的に飲酒も減るものと期待されます。

つまり目立った過剰な問題行動は、目立たない過少な行動とセットで発展してきたものなのです。目立たない過少な行動が放置されたままで、目立った過剰な問題行動を減らすことは可能でしょうか？　もし可能だとしても、それをしてよいものでしょうか？　そんなことができたとすれば、そのとき、この人は今よりも苦しくなってしまうのではないかと合理的に推論できます。

目立った過剰な問題行動があるとき、単にそこに注目して、それを減らすべく取り組むのではなく、目立たない過少な行動があるのではないかという観点を持っておくことは大切です。通常、すでにある行動を減らしたりなくしたりすることは技術的に難しく、それよりは、頻度の少ない行動を強めたり新たな行動を学習したりする方が容易なのです。目立たない過少な行動を同定し、それを増やす援助によって、問題行動が不必要になっていく道筋を作るのが、クライエントの負担も少なく、エレガントな援助の方針です。

6　行動療法　具体的に訊く

行動療法のごく一部を簡単に紹介してきました。こうした考え方に沿ってカウンセリングを行うためには、それなりにスキルフルな情報収集のやり方が求められます。

行動療法を行うには、行動を時系列に沿って具体的に訊く必要があります。クライエントは、どういう状況で、どういう行動を取ったのか。あるいはどんな反応が生じたのか。その結果、どういうことが生じたのか。これらを、詳細に具体的に訊いていきます。

状況といっても、外的な事柄だけではありません。考えや感情や感覚といった内的なものも状況に含まれます。

たとえば、パニックで苦しんでいるという人の話を聞くときには、具体的にその状況を訊きます。

「部長の表情が気になって。何だか冷たい感じがして。そうすると心臓がドキドキしてきたんです」

「部長の表情が冷たい感じがして、心臓がドキドキしてきたんですね。部長の表情が冷たい感じだと、どうなりますか？　それはあなたにとって何を意味するんでしょう？」

「ああ、もうダメだ。見捨てられるって思いました」

「部長に見捨てられるとどうなりますか？」

「もう終わりだって思います」

「もう終わりだって思ったんですね。それでどうなりました？」

「だから、それで心臓がドキドキしてきたんです」

「ああ、なるほど。もう終わりだって思ったら怖いですね。それで心臓がドキドキしてきたわけですね。それでどうなりました？」

「それでパニックになりました」

「パニックになった。うーん、パニックになったというのは、どうなったということですか？」

「そうですね。うーん、ドキドキしてきて、心臓があまりにも激しく打つので、死ぬんじゃないかと思ったんです。それでどんどん不安になって、怖くなっていきました」

「あなたがどんどん不安になって怖くなっていくとき、どんなふうになりますか？」

「うーん、まず頭が真っ白になって、それから血の気が引いていくみたいな感覚があります」
「なるほど。それで、どうしましたか？」
「みんなに悟られないようにと思いながら、トイレに行きました。そしてそこで三〇分ぐらい個室で座っていました。息苦しい感じがして。何か自由に息ができないような感覚がありました。三〇分ぐらいしたら少し落ち着いてきたので、自分の職場に戻りました」

このように、あくまで実用的な範囲ではありますが、できるだけ具体的に何が起こったのかを明らかにしていきます。環境の物理的な刺激や対人関係だけでなく、感情、感覚、イメージ、考えなど、そこで生じてきた内的な刺激についても、関連するものを時系列に沿って明確化していきます。また、そのときに取った行動もできるだけ具体化するように尋ねていきます。

このような訊き方をしていくと、クライエントも客観的に何が起こっているのかを整理して捉えられるようになり、気持ちも整理されます。

7　認知行動療法　自動思考に気づく

不安やうつなどの感情や気分は、人生を大きく左右する重大な力を持っています。しかも、感情や気分は、思考とは違って言語的なものではありません。ただし、感情や気分は何らかの背景的な考えから生じていることもよくあります。「自分はダメな人間だ」という考えから憂うつな気分になったり、「あの犬はきっと私に噛みつく」という考えから犬に対する恐怖心が生じたりするというようなことです。

人が不快な感情や気分に捕らわれ、悩まされているとき、こうした感情や気分を支えている背景的な考えは、その人が自分の意志で考えた考えではなく、勝手に浮かんできてしまう考えであることが普通です。そして、ほとんど意識されていないことも多いのです。こうした性質から、そのような考えは自動思考と呼ばれます。

認知行動療法では、クライエントが不安やうつなどの感情や気分で悩んでいるとき、その感情や気分の背後にある自動思考を探究し、同定することが重要だと考えます。

「その感情（気分）が出てきたとき、どんな考えやイメージがあなたの心に浮かんでいましたか?」といった質問で、自動思考を探究します。ただ、多くのクライエントはこの質問に対して、その感情や気分の説明を与えることが多く、すんなりと自動思考が報告されることは稀です。たいていは、自動思考についてよく理解したカウンセラーが、クライエントの話をていねいに傾聴し、推し量りながら質疑を重ねることが必要です。

さて、不健康な感情や気分をもたらす自動思考には、その形式に特徴があります。代表的なものを表にして示してみましょう（自動思考の代表的なパターン：次頁）。

このような特徴にも注意しながら、うつや不安などの困った感情や気分を生み出している自動思考を同定するようクライエントを援助します。同定できたら、カウンセラーは、その自動思考をクライエントとともに落ち着いて穏やかに検討していきます。カウンセラーから見ていかに不合理で不健康としか見えなかったとしても、それをすぐに変化させようとあせってはいけません。

初期の認知行動療法では、こうした自動思考を変えていくことに重点が置かれていました。けれどもその後の研究で、不健康な自動思考をただありのままに認識するだけで、うつや不安といった厄介な感情が和らぐことが分かってきました。自動思考をありのままに観察し、どん

自動思考の代表的なパターン

全か無か思考

全か無か、白か黒か。中間を認められない考え方。こちらでなければあちらと両極に振れてしまう。

例　純白でなければ真っ黒だ。
　　私のこと好きじゃないってことは嫌いってことだ。
　　最高だと評価されなければ、私のしたことには何の価値もないということだ。

破局視

常に大げさに破局的、破滅的に考える。

例　いつも私はみんなから嫌われる。
　　きっとクビになって、離婚されて、再就職もうまくいかず、ホームレスになって、のたれ死にするんだ。

肯定的側面の否認

肯定的な出来事や自分の側面に対して選択的に不注意で、否定的な出来事や自分の側面には常に選択的に注目している。肯定的な出来事や自分の側面を指摘されても認めない。

例　昨日は部長から無視された。おとといは傘が壊れた。その前の日は後輩から仕事を押しつけられた。

感情的理由づけ

そういう感じがするからそれが事実である。

例　万事うまくいっているが、自分はダメな感じがするから自分はダメだと思う。
　　特に根拠はないが、自分は失敗して、みじめに死ぬ運命だ。

レッテル貼り

単純で固定的なレッテルを貼る。

例　自分はダメ人間だ。
　　あいつは完璧にすごい。

読心術的思考

人の心理をあらかじめ決めつけてしまう。


例　部長は私のことをダメなやつだと思っている。

どうせみんな私のことを分かってくれない。

もし自分の気持ちを言ったら夫は怒るに決まっている。

過度の一般化

一つの事例を不適切に一般化して断定する。


例　試験で一度失敗した。だから私は人生のすべての面においてこれからずっと失敗し続けるだろう。

離婚したということは、人生の失敗者だということだ。

第一希望の企業に入社できなかった。だから私はこの先ずっと負け犬の一生を送るんだ。

癌が見つかった。もう俺の人生には何の喜びも希望もない。

自己への関連づけ

周囲で起きていることを不適切に自分のせいだと考える。過剰に自分の責任だと考える。

例　（先生の機嫌が悪いとき）私の発表がまずかったせいで先生は機嫌が悪いんだろう。
（お母さんがお茶碗を音をたててテーブルに置いたとき）私が悪い子だからお母さんはイライラしているんだろう。

べき思考

いつも自分自身に「～べき」「～ねばならない」と言い聞かせている。行動の背景にある考えがいつも「～したいなあ」ではなく「～すべき」である。


例　私は常にベストを尽くさねばならない。

いい子でいなければならない。

一瞬も無駄にしてはならない。

周りに迷惑をかけてはいけない。

なときにそうした自動思考が出てくるのか、その思考に対してどうしているのか（捕らわれてしまう、ぐるぐる反芻的に考える、議論する、聞き流す、など）、その結果どうなるのか、といったことを詳細に見ていきます。そのような作業をしていくことで、クライエントはしだいに自動思考が生じたときにリアルタイムで気づきやすくなり、自動思考を客観的に見られるようになり、自動思考に捕らわれることが減ってくるのです。

そうなると、無理に変化させようとしないでも、自然に自動思考が変わってくるということもあります。そういう作業を経ることなく、尚早に無理に「ポジティブ・シンキング」をしようとすると、かえって変化は生じにくくなります。

8　解決志向アプローチ　解決イメージを構築する

解決志向アプローチは、システム論的なアプローチの一種です。

カウンセリングにおいて、来談したクライエントは、普通、悩みや問題を話します。自分がいかに苦しいか、いかにみじめか、いかに物事がうまくいかないか、といったことを話します。カウンセラーがただ受け身的に聞いていれば、クライエントはいつまでもそうした話を続けるかもしれません。カウンセラーによっては、問題についての情報を得ようとして、問題についてさらに詳しくあれこれ尋ねていく人もいるかもしれません。そうなるとクライエントは問題についてもっと事細かに話すことになっていきます。解決志向アプローチでは、こうした問題についての語りをプロブレム・トークと呼びます。プロブレム・トークは、確かに、聞く必要のあるものではあります。カウンセラーは、問題について、ある程度、把握しておく必要があるからです。しかし、事細かに延々と問題を語ることは、本当にクライエントの役に立つのでしょうか。

解決志向アプローチにおいては、クライエントのプロブレム・トークは必要以上に長引かせない方がよいと考えられています。というのも、問題について詳しく語れば語るほど、問題に捕らわれていきやすくなるからです。その結果、気分も暗くなりますし、建設的な動きも生じにくくなります。希望も喚起されないことが多いでしょう。それよりも問題についての語りを、カウンセラーの巧みな対話技術によって、解決についての語り、すなわちソリューション・トークへと軌道修正していく方が有用だと考えます。

実際、たいていのクライエントは、自分の抱えている問題については詳細に話すことができても、「どうなったら解決したと言えるか?」という問いにはうまく答えることができません。解決イメージはきわめて不明瞭であることが多いのです。そんなことは考えたこともないという人も決して稀ではありません。とはいえ、解決イメージをはっきり思い描くことは、問題の解決にとってとても重要なことです。解決のイメージをぼんやりしたままに放置しておいて、向こうから解決がやってくるのを期待するとすれば、それはとても消極的な姿勢だと言えるでしょう。

解決志向アプローチでは、このことを重視し、クライエントが自分にとっての解決イメージをできるだけ具体的に生き生きと明確に描けるよう、援助していきます。そのためには次のような質問が役に立つと考えます。

「今日、ここに来て相談してよかったと思えるためには、どのような変化が必要ですか？どうなったら『ああ、相談に来てよかった』と思えるでしょうか？」

『もう問題はなくなった』『相談に来なくてもうよくなった』と言えるためには、どうなることが必要でしょうか？」

「これから問題に取り組んでいって、徐々に変化していって、そしてそのうちに、ふと『あれ、もう問題はなくなっているぞ』と気がつくとき、あなたは今とどんなふうに違っていますか？」

これらの質問にすぐに答えが返ってくるわけではありません。むしろ答えられないことが普通です。それでも粘り強く尋ね、答えを引き出していきます。漠然とした答えでも否定せずに受け容れ、そこから徐々に明確化していきます。ていねいに聴き、クライエントが解決イメージをできるだけ具体的に、詳細に描き出せるよう援助していきます。

解決は「問題がないこと」という否定文ではなく、常に「何かがあること」という肯定文で語られる必要があります。ただし「問題がないこと」という答えが返ってきても、即座に否定せず、受け容れることが大切です。その上で、「そう。それで問題がないとき、その代わりに何がありますか？」と尋ねていきます。

こうやって解決イメージが描き出されたら、最近そのようなことがほんの兆しでもなかったか尋ねてみます。驚くべきことに、あったという返事が返ってくることもしばしばあるのです。絶望的に問題を語っていたクライエントが、このような対話によって、実は最近、解決の事態を経験していたと分かることもたびたびあります。

そのように最近の解決の経験、つまり問題に対する例外の経験が語られれば、どうやってそんなことが起きえたのか、それが生じるのに何が役に立ったのかを尋ねていきます。

問題と解決とは白か黒かの問題ではないということを理解しておくことも重要です。そのような二分法的な捉え方をしてしまうと、解決へのハードルは不必要に高くなってしまいます。問題から解決へと至る道筋は、明確な境界線を越える道筋ではなく、連続的なグラデーションの道筋であると考えます。そのように考えると、どのような深刻な問題であっても、それは常に何らかの解決と混じり合ったものだということになります。このような見方の下では、深刻な問題を訴えるクライエントにも、すでに何らかの部分的な解決を達成している可能性を見ることができるでしょう。つまり、クライエントには問題があるといっても、それがもっとひどいものになっていないのは、クライエントが現状においてすでに部分的な解決の努力を払っている結果なのかもしれないと考えてみるのです。クライエントとの対話の中で、そのような可能性を探究し、見出したことをフィードバックしていくことが役に立つかもしれません。

たとえば、あるクライエントは、仕事に行く気力が湧かないと訴えます。そしてそれを問題として訴えながら、週のうち半分以上はかろうじて出勤はしているという話もします。このとき、このクライエントを「週のうち二日ほど欠勤してしまっている」問題を呈していると見ることもできますが、「週のうち三日以上は出勤できている」解決を示していると見ることもできます。どちらの見方も正しい見方ですが、どちらの見方がクライエントをエンパワーする見方かということを考えます。

クライエントはさらに悪くなる可能性もある中で、すでに部分的な解決を成し遂げているのだという見方に立つとします。そしてクライエントに「週のうち半分以上出勤できているのは、何が役に立っているのでしょうか？　どうやって週のうち半分も出勤できているのですか？」と尋ねてみるのです。そしてそこで出てくるクライエントなりの努力を承認し、讃え、補強します。そのようにしてすでに成し遂げられている部分的解決を支えている努力を励まし、強めることは、問題から解決へと至るグラデーションの道筋において、クライエントを解決へと近づける確かな方法だと言えるでしょう。

どんなに問題があると言っても、その問題の深刻さが無限に悪化していかないよう支えている潜在的な努力があるのですし、その問題の範囲が無限に広がっていかないよう支えている潜在的な努力があるのです。それらの努力を見出して、承認し、讃え、補強していきます。そうして、すでにクライエントが成し遂げている解決をさらに強めていくのです。

多くのカウンセリングの考え方では、クライエントの問題や弱さや病理に注目しますが、そのような見方に立ったカウンセラーとの対話の中で、クライエントがますます自分を弱く無力に感じてしまうようになってしまうことがあります。それでは何のための面接なのか分かりません。解決志向アプローチは、こうしたカウンセリングの考え方の盲点を補う、重要な示唆を与えてくれるものだと言えるでしょう。問題だけに注目せず、むしろ解決に注目します。弱さだけに注目せず、むしろ強さや長所に注目します。病理だけに注目せず、むしろ健康な部分に注目します。

9　解決志向アプローチ　解決イメージを関係の中に置く

カウンセラーが、クライエントから解決イメージを引き出し、具体化し、詳しく聞いていくにつれ、クライエントの表情が明るく輝き始めます。声にも張りが出てきます。そこには、クライエントの大事にしているものや願っていることが表れてきます。クライエントのよい面が現れてくるのです。往々にして問題を語っていたときには見えなかった、クライエントの肯定的で建設的で協調的な一面が現れてきます。それはカウンセラーをしばしば感動させます。

たとえば、「職場が合わないんです、嫌で嫌で仕方がない、もう今すぐにでも辞めたい」と訴え、いかに上司が不条理か、いかに同僚が馬鹿ばっかりか、いかにその業界に将来性がないか、などと延々と不満ばかりを述べる若い男性がいます。その人に「どうなったらこの悩みが解決したと言えるでしょう？　あなたが『ああ、もう解決したから、ここにこなくてもよくなったな』と言えるようになっているとき、今と何が違っていますか？」と質問しました。すると彼はしばらく黙って考え込み、「朝、起きて、またあの職場か、嫌だなーと思っても、それでも普通に出勤の準備をしているでしょう」と答えたのです。つまり、このクライエントは、今すぐ会社を辞めたいとさんざん愚痴りながらも、実のところ決して積極的に辞めたいわけではなかったのだということです。彼は、そういう不満を抱えながらでも出勤できるような強さ、忍耐力、包容力を持てるようになりたいと願っていたのです。クライエントのこうしたけなげな思い、成長したいという願いを聞くことで、カウンセラーの中に、援助的な心が呼び起こされるのです。カウンセラーが力を発揮するためには、クライエントからこういう言葉を聞けるように、面接を進めることが必要なのです。

とはいえ、解決イメージを引き出し、具体化し、増幅していく作業はそう簡単ではありません。「どうなったら解決したと言えますか？」と尋ねてみても、「分からない」という答えしか返ってこないことも多いです。そのような場合には、質問を言い換えながら、あきらめずに繰り返し尋ねます。クライエントには解決イメージを描く能力があると信じるのです。その思いがクライエントをエンパワーし、動かします。

そもそもクライエントにとっての解決のイメージは、そのクライエント自身にしか分からないものです。仮にカウンセラーが何らかのヒントを与えながらクライエントに解決イメージを導いたような場合、クライエントがその解決イメージを自分自身のものとして感じていることが必要です。そうでないなら、つまりクライエントがその解決イメージを単にカウンセラーから与えられたものと感じているなら、その解決イメージにはクライエントを動かす力はないでしょう。ですから、カウンセラーとしては、どうしてもクライエントの口から、クライエントの言葉で、解決イメージを語ってもらう必要があるのです。クライエントには解決イメージを生み出す能力が必ずあると信じることは、クライエントが自分自身で解決イメージを生み出す作業を支える重要な援助なのです。

「ある日、『あれ、前よりちょっとよくなっているな』とふと思っているとして、そのとき今と何が違っていますか?」とか、「今夜、あなたが、寝ていると、奇跡が起きて、あなたが話した問題はすべて解決してしまいます。明日の朝、目覚めたとき、あなたはどういう違いから『あれ、もしかして奇跡が起きたのかな』と気がつきますか?」とか、いろいろな訊き方で解決イメージを引き出します。

そうした訊き方の重要なヴァリエーションの一つに、重要な人間関係の中で変化をイメージするよう訊く訊き方があります。たとえば次のようなものです。「今ここにあなたのお母さんが来ていて、その椅子に座っているとしましょう。それで、私がお母さんに、『娘さんがよくなってきて、もう相談に行かないでも大丈夫そうね、と思えるには何が変わる必要があるでしょうか？』と尋ねたら、お母さんは何と言うでしょうね？」

解決イメージについて、ともかく何か答えが返ってきたなら、そのイメージを増幅させていきます。この場合にも、「そのようになったとき、他に何が変わりますか」と尋ねてみても「他には特に何も変わりません」という答えしか返ってこないことも多いです。変化は変化を呼ぶというシステム理論の基本的な考え方に依拠し、あくまで「単一の変化だけが起こることなどありえない」という前提に立って、辛抱強く尋ねます。

このときにも、「あなたがそのように変化したとき、誰が最初に気づくでしょうか？」と訊いてみます。そして「あなたがそのように変化すると、その人との間で何が変わってくるでしょうか？」と尋ねます。

たとえば、解決イメージを尋ねたときに「朝、起きて、またあの職場か、嫌だなーと思っても、それでも普通に出勤の準備をしているでしょう」と答えたあの若い男性の場合を考えてみましょう。

「誰が最初にあなたのその変化に気づくでしょう？」

「同僚のAさんでしょうね」

「Aさんは何て言いそうですか？」

「別に何も言わないでしょうけど、まあちょっとはまともになってきたなと思うんじゃないかな」

「Aさんがあなたのことを、まともになってきたなと思うと、Aさんとあなたの間で、何が違ってくるでしょうか？」

「うーん、Aさんからそう思われているなと思えたら、僕もちょっと気が楽ですね。少しAさんに話しかけやすくなるかな」

このような問いかけをできるだけ多様な人間関係のネットワークに広げて尋ねていきます。そこで用いられる質問は「関係性の質問」と呼ばれています。関係性の質問は、解決イメージを、クライエントにとって重要なさまざまな人間関係のネットワークの中に置いて眺める作業を導きます。このような作業は、解決のために必要な変化を具体化し、リアルに思い描くことを助けます。解決イメージを具体的にリアルに思い描くことができるほど、解決イメージは生き生きとした輝きを増し、それ自体で変化を呼び起こす力を持ち始めるのです。

10 来談者中心療法　ロジャースの三原則

すでにお話ししてきたように、心理カウンセリングには、多様な流派があります。けれどもその中でも来談者中心療法は、やや特別なポジションにあると言えます。というのも、来談者中心療法の基本的な考え方や技術は、流派を問わず、幅広いカウンセラーから共通の基礎と見なされているからです。

来談者中心療法の創始者、カール・R・ロジャースは、「人格の変化のための必要にして十分な条件」という論文を一九五七年に発表しました。そこには、どのような理論や技法を用いるにせよ、カウンセリングが奏効し、クライエントが変化するには、カウンセラーとクライエントとの間に一定の条件を備えた関係が形成されていることが重要なのだという考えが提示されています。ロジャースはそこで六つの条件を挙げています。その中で、カウンセラー側が実現する必要があるとされたものが次の三つです。

（１）カウンセラーはクライエントに対して無条件の肯定的尊重を経験していること。
（２）カウンセラーはクライエントに対して共感的理解を経験していること。
（３）カウンセラーはこの関係の中で自己一致していること。

これらはしばしば「ロジャースの三条件」と呼ばれています。以下にそれぞれについて簡単に解説していきましょう。

無条件の肯定的尊重

無条件の肯定的尊重は、条件付きの肯定的尊重と対比してみれば分かりやすいでしょう。条件付きの肯定的尊重とは、カウンセラーが、クライエントがある一定の考えを述べている間は肯定的に尊重するけれども、クライエントがそこから逸れるにつれて、肯定的に尊重する気持ちを持つことができなくなるというような状況です。このような状況では、クライエントはそのカウンセラーを前にして、自分の考えや気持ちを自由に探究し、それをありのままに表現することが困難になってしまいます。クライエントがたとえカウンセラーから見て、不合理だ、破壊的だ、愚かだ、などと思えるようなことを言っていても、そうした自分の思いは脇に置き、クライエントを尊重する気持ちを維持することができているとき、無条件の肯定的尊重ができているといえます。カウンセラーがこの条件を満たしているとき、クライエントは変化に向かって動き出すのです。

よく誤解されることですが、クライエントを無条件に肯定するということは、クライエントの発言の内容を肯定することではありません。そうではなく、そのような発言をしているクライエント、その人を肯定するということです。たとえば、クライエントが「死にたい」と言うとき、カウンセラーが無条件の肯定的尊重をするというのは、「そりゃそうだよねー、死にたいよねー」と死にたい気持ちを安易に肯定することではありません。ましてや「死んでもいいよ」と死ぬ行為を認めることでもありません。「死にたい」と言う、そのクライエントの存在を丸ごと、肯定的に尊重することです。時折、「死にたい」と言うクライエントに対して死なないよう働きかけることは、この条件に反することだと誤って理解している人がいますが、そんなことはありません。

共感的理解

共感的理解は、知的理解と対比して考えると分かりやすいかと思います。クライエントの話を聞いて、クライエントの問題を理論に照らして分析したり、客観的・合理的に理解したりしていくなら、それは知的理解です。たとえその内容が感情についてのものであったとしても、感情についての説明や分析であるならば、やはり知的理解です。知的理解においては、クライエントとカウンセラーとの間にはっきりした境界線があります。カウンセラーは観察者として境界線のこちら側から、向こう側の観察対象であるクライエントを観察し、理解しようとしているのです。

それに対して、共感的理解というのは、クライエントと関わりながら、カウンセラーが感じることに依る理解です。クライエントの体験を追体験するように、「考える」というよりは「感じる」ようにしながら話を聴くときに、自然に感じられるものに基づく理解です。クライエントの話を、その表情や声や姿勢などにも繊細な注意を払いつつ聴いていくとき、カウンセラーはたとえば「淋しいんだなあ」と感じるかもしれません。その感じは、クライエントの淋しい体験が表情や声のトーンや姿勢などを通して自動的に伝わってきたものなのかもしれません。あるいは、カウンセラーが投げかけた勝手な思い込みなのかもしれません。ともかく、相手の体験を理解しようとする姿勢をもって相手と関わり、そこで感じられるものを通して、相手を理解することを共感的理解と言います。共感的理解においては、クライエントとカウンセラーとの間の境界線は曖昧化されます。カウンセラーの感じた「淋しい」という感じが、カウンセラーとクライエントのいずれに由来するものなのかは、誰にもはっきりとは言えません。それは両者が関わる中で生まれた協同作品だとしか言いようがないものです。

クライエントの人格が変化するためには、カウンセラーが知的理解に終始していてはダメで、共感的に理解しようとすることが必要です。

自己一致

クライエントの話を聴いていて、心ここにあらずといった状態になることもあるでしょう。退屈したり、気が散って他のことを考えてしまったり、といったように。あるいは、反論したい思いや、お説教したい思いや、怒りの感情などに捕らわれてしまうこともあるでしょう。にもかかわらず、表情は穏やかににこやかに、口先だけで技術的な応答を繰り出すことがあるかもしれません。そのようなとき、カウンセラーは、自己と体験とが不一致の状態にあるといいます。

これとは対照的に、クライエントの話を集中して没頭的に聴いているとき、ただ専心的に聴いているとき、カウンセラーは自己一致しているといいます。

自己不一致の状態にあるとき、カウンセラーは役割的にカウンセラーとして機能しているとしても、どこか無理をしていたり、どこか表面的だったりします。これとは対照的に、自己一致の状態にあるとき、カウンセラーは、自分の経験に開かれていて、柔軟です。その言葉には真実味があり、存在感や確かさがあります。

ひどくつらい体験を重ねてきて、疲れていたり、不安だったりするクライエントは、相手のそういう面に非常に敏感です。カウンセラーの言葉の内容が学術的に正しいかどうかとか、上品かどうかとか、優しいかどうかとか以前に、カウンセラーの反応や言葉や存在に確かな手応え感や真実味があるか、ということを、クライエントは全身の感受性を総動員して感じ取ります。そして、カウンセラーが自己一致しているとき、クライエントは変化に向かうのです。

よく誤解されることですが、自己一致しているということは、思ったことを何でもそのまま言うというようなことではありません。カウンセラーとしての立場、役割からして、不適切なことを言ったり、不適切な言い方で言ったりすることは、自己一致以前にカウンセラーとしての役割放棄です。

また逆に、カウンセラーが自己一致している状態であれば、クライエントに対して尊重的で共感的なことしか感じないし、思わないということでもありません。カウンセリングはそんなふうにできるものではありません。自己一致している状態というのは、私の理解するところでは、面接中に浮かぶさまざまな感情や思いに対して開かれている状態です。その中で、クライエントに対する共感的な思い、クライエントの役立つであろう考えなど、カウンセリングの目的に奉仕するものを表現し、それ以外のものを放っておくことができている状態です。

カウンセラーが以上の三つの条件を満たしながらクライエントと関わることができていて、それをクライエントが感じることができるなら、クライエントの人格は変化していく。ロジャースはそのように考えました。

ロジャースのこの考えは、半世紀以上前に提出され、多くの研究者や実践家によって、さまざまなやり方で検証されてきました。批判もないではないですが、この考えを根本的に否定するような知見はなく、むしろおおむね肯定する知見が蓄積されてきたと言えるでしょう。

以上、ロジャースの三条件について一通り解説してきました。ここでもう少し補足しておきます。

一つは、これらの条件は、いずれもあるかないかという二分法的な問題ではなく、程度の問題ないしはクオリティの問題だということです。カウンセラーとしてクライエントに臨んでいて、いずれの要素もまったくないというようなことはありえないでしょう。

また、これらはカウンセラーが目指すべき理想的な状態を描いたものだということを理解しておいてください。どんな優れたカウンセラーも、これら三つの条件をいつも十分に満たしているというわけではないのです。あくまで、ここを目指しましょうという理想的目標を示したものです。

さらには、これらの三条件は、クライエントとカウンセラーの関係について述べたものであり、どのような流派のカウンセリングについても言えるものだということにも注意しておいてください。どのような考え方でクライエントを理解するにせよ、どんな技法を用いて働きかけるにせよ、どんな情報を伝えるにせよ、その基礎にある人間関係が援助的なものであることが重要なのです。

11　来談者中心療法　成長力への信頼

来談者中心療法では、カウンセラーは「クライエントには成長力がある」という前提に立ちます。つまり、クライエントがどんなに投げやりな態度だったとしても、どんなにいい加減な言動をしていたとしても、どんなに破壊的に振る舞っていたとしても、クライエントには成熟し、社会的に適応し、自立し、価値あるものを生み出そうとする、力強い衝動があると信じるのです。

もちろん、そう言われても、簡単に信じられるものではないでしょう。それでも、あくまでそういう前提に立ちきってクライエントに接します。

これはシンプルですが、とても重要なことです。というのも、カウンセラーが希望を捨ててしまえば、クライエントが希望を持てないのは当然だからです。クライエントの変化を援助したいのなら、まずはカウンセラーが、クライエントは変化すると心から信じることです。それはそれ自体が変化を促進する強力な働きかけなのです。

　カウンセラーがそういう態度を取ったとき、クライエントがそこに挑戦してくることもあるでしょう。クライエントにとって、変化できるという希望は、求めてやまないものであると同時に、しばしば苦しみのもとでもあるのです。希望は人を不安定にさせます。希望がないと分かれば、つらいながらも安定していられるのです。変化に向けて不安なことに挑戦していくのは苦しいことです。その道のりでは失敗して痛い目にあうこともあるかもしれません。そんな可能性に開かれるよりは、不幸な境遇を嘆きながら、つらい現状に安住している方がましだと思っても当然です。だから、クライエントの変化を信じているカウンセラーの存在は、クライエントにとってはうっとうしいものともなりうるのです。

　とはいえ、ロジャースは「あなたには成長する力がありますよ」とか「あなたは必ず変化できます」などと、ストレートに言葉で言うよう推奨しているわけではありません。ただ、カウンセラーは、そのようなクライエント観ないし人間観を前提として振る舞う必要があると述べているだけなのです。

　変化や成長は、時間的に言えば、未来に属する事柄です。ですから、クライエントに成長力があると信じるということは、クライエントの未来を信じるということに他なりません。未来は可能性であり、未来のことは誰にも分かりません。でも、無限にありうる未来の中から、どのような特定の未来のイメージを思い描くかによって、未来は微妙に、しかし強力に影響されます。

非現実的で単に空想的な未来のイメージには、大きな影響力はないでしょう。誰かの未来に影響を及ぼしたいのであれば、まずはその人の過去と現在をよく見て、ありのままに受け容れ、理解することが大切です。その上で、そのようにその人の過去と現在をよく見て、受け容れて、理解している人物が、その延長線上にありうる未来の可能性の中からどのような未来をイメージするかということにこそ、大きな影響力が宿るのです。

読者の中には、「クライエントに成長力があると信じましょう」というような言い方に、科学よりも宗教に近いものを感じた方もいらっしゃるかもしれません。しかし、これは宗教的な信仰の問題ではありません。ここで述べていることは、科学的な事実を云々する以前の問題なのです。科学の基礎は観察にありますが、ここで述べていることは、どのような視点から観察するかに関わる問題だと言えるでしょう。ロジャースの言っているのは、「クライエントには成長力がある」という前提に立って面接してみなさい、そうしてそこで観察できる現象を科学的研究の基礎に据えなさい、ということなのです。

天文学者が天体を観察する場合には、天文学者が天体にどんな考えを持っていようが、天体の動きは何らの影響も受けないでしょう。天文学者にとっての観察対象である天体は、天文学者からは独立していると言って差し支えないからです。しかしこの場合とは違って、カウンセラーがクライエントを観察するときには、カウンセラーがクライエントにどんな考えや態度を持っているかが、クライエントに影響を与えます。それによってクライエントがカウンセラーに見せる表情も態度も、話す内容も変わってきます。そのことがまたカウンセラーのクライエントに対する考えや感情を変化させます。つまりカウンセリングにおいては、観察者と観察対象とは相互的な影響関係にあり、観察者と観察対象とは互いに独立ではないのです。

つまり、カウンセラーがクライエントにどのような考えをもって臨むかが、カウンセリングの科学の基礎となる観察事実を大きく変えてしまうのです。「クライエントは常にカウンセラーを欺こうとし、操作しようとし、気づきを避けようと画策する存在であって、変化する気などまったくない存在だから、カウンセラーは心してそれに対処しなければならない」という前提でクライエントに会うこともできます。もしそうすれば、カウンセラーは、そうした考えの影響下での観察を集めることになるでしょう。そうした考えが観察された事実によって裏づけられることもよくあるでしょう。それでもなおロジャースは、「クライエントには成長力がある」という前提に立って面接を行うことが大切だと考えました。そして彼は、そこで観察される現象に基づいてカウンセリングの体系を作ったのです。

「クライエントには成長力がある」という前提でクライエントに接し、そこからクライエントを観察するなら、確かにクライエントには成長力があるという観察が得られることが増えます。そうした経験は、カウンセラーの「クライエントには成長力がある」という考えを強めます。その結果、ますますそうした観察が得られるようになるという循環が生じてきます。よいカウンセラーになるには、そういう循環を生じさせ、増幅し、その循環を生きることが大切です。

12　精神分析　無意識の心理学

心理カウンセリングは、ごく普通の健康な人が当たり前に人生に取り組んでいくときに出会う多様な悩みを対象としたものです。とはいえそれは、メンタル・ヘルス上の問題を扱う心理療法とも関連が深いものです。心理カウンセリングと心理療法とは、概念的には区別されるものですが、実際にはそれほど明確に区別できるものではありません。実際上、その二つは常に関わり合いながら発展してきました。

心理カウンセリングの歴史を、その源流まで遡っていくと、その重要な起源の一つとして精神分析に行き当たります。精神分析は、対話によって相手の心に影響を与え、人格を変化させるという、現在の対話的心理療法や心理カウンセリングの原型です。

その精神分析は、十九世紀末、オーストリアのウィーンで開業していた神経科医のジグムント・フロイトによって創始された、気づきを拡張することを目指す心理療法です。

来談者中心療法を創始したカール・ロジャースも、認知行動療法を切り拓いたアーロン・ベックも、精神分析を学んでいます。多くの学派の創始者が、その経歴を精神分析を学ぶことからスタートしています。心理カウンセリングの歴史において、精神分析の影響は非常に大きかったと言ってよいでしょう。二十世紀の大半を通して、精神分析は、人の心の複雑な綾を深く理解し、そこに変化をもたらす仕事において、圧倒的主流だったのです。

さて、ではその精神分析とはどのようなものでしょうか？　精神分析は、基本的に無意識の心理学です。誰でも知っていることですが、人の心には、気づかれている領域と、気づかれていない領域があります。気づかれていない心の領域の中には、単に注意が向けられていないというだけのものもありますが、不安や恥などの不快な感情を引き起こすがゆえに、避けられている領域もあります。人が、自分の中の特定の欲求や考えや記憶などを、恐れたり、恥ずかしく思ったりするようになると、その人は、そうした欲求や考えや記憶を体験しないよう、ほぼ反射的に注意を向けるのを避けるようになります。そうした欲求や考えや記憶を呼び起こすような人物や場面も避けるようになるでしょう。しかし、いくら避けてもそうした考えや感情や記憶が心の中からなくなってしまうわけではないので、それらは何らかの形で表れてきます。人の悩みごとの背景には、そうした無意識の心理のからくりが働いていることが多いのです。

たとえばこういうことです。とてもまじめで親思いの青年がいるとしましょう。そして彼の親は、今、重い病気に倒れ、闘病生活をしています。そういう苦しい生活の中で、ある日、この青年は、バイト先の先輩に恋愛感情ないし性的感情を抱いている自分に気がついたのです。自分がそんな感情を抱いていると気づいた瞬間、青年は、そのような感情を抱く自分を恥ずかしく感じ、「親が病気で苦しんでいるのにそんな思いを抱くなんて」と激しく自分を責めました。翌日から、その青年は相手の人物を避けて生活するようになります。そして、再び、落ち着いた生活を取り戻し、ほっとするのです。ところが、しばらくすると、青年はなぜか元気が出なくなり、授業中にもボーッとしてしまっている自分に気がつくのです。バイト中にもいつになく不注意なミスを犯してしまいます。成績も下がってきました。周りの人たちが心配して「何かあったのか?」「悩んでいることがあるのか?」などと声をかけてきてくれます。でも、青年には何と返事していいのか分かりません。青年自身、どうしてこんなに元気が出ないのか、注意力が失われているのか、自分でもよく分からないのです。

人間は、自然状態においては、自分を不安にすること、脅かすこと、恥じ入らせることなどから、反射的に注意を逸らします。そこに良質の注意を向けて、それらをはっきりと見つめ、明晰に考えるというようなことはしないのです。精神分析は、こうした知見を基礎として、クライエントの話を聴きます。クライエントにリラックスして自由に話してもらいますが、そのとき精神分析家が注意深く探索しているのは、クライエントの話している内容ではありません。

肝心なのは無意識の心の動きなのです。無意識の心の動きは、言葉にして直接語られることはありえません。そこが本人にもよく分からないようになっているからこそ、困難な悩みが持続しているのだと考えるのです。ですから、本人が話す内容を聞きながら、一方で、話されないように避けられていることを模索するのです。「当然あってよさそうなのに語られないもの」「妙にさらりと通り過ぎたところ」「言いよどみ」などがポイントになります。決してしっぽをつかんでやろう、そして暴き出してつきつけてやろう、というような意地悪な心構えで話を聞くのではありません。クライエントの恐れや不安を和らげる助けができないかと願いながら、それらがどこにあるのかを感受しようという構えで話を聴いていくのです。

先の例であれば、青年に、こうした問題が表れ始めた頃に、何かそれに先立って生活に変化はなかったか、振り返って話してもらいます。青年は、例の恋愛のエピソードをずっと忘れていたかもしれません。面接でこのような質問を受けて、このことを思い出しても、非常に簡単にさらりと話すことが多いでしょう。「バイト先の先輩をいいなって思ったけど、よく考えたら、やっぱ違うなって思って。それでそれからシフトを変えて、出会わないようにしたんです。それだけです。別に大したことじゃないです」などというように。

ただ、そう語るときに、青年の声のトーンが少し硬くなり、落ち着かないトーンが感じられるかもしれません。もしそうしたことがあれば、それこそが、そこに不安が関与していることのサインです。精神分析家はそうしたサインに導かれて、クライエントを脅かさないように注意しながら、この話をていねいに聴いていく必要があるのだと判断するのです。そうして、青年が先輩に恋愛感情や性的感情を抱いたことを話せるようにし、その上で、青年がそのような感情を抱いても大丈夫なんだ、それは健康なことなんだと思えるよう援助していきます。青年が「自分が重い病気の親を本当には大事に思っていないのではないか」と不安になったことを取り上げて話し合います。

たとえ不安を引き起こすことであっても、自由に話せるような信頼関係を作り上げることが、精神分析をはじめ、対話的で洞察志向的な心理カウンセリングに共通する目標です。はじめは不安で避けられていた話題が、徐々に話せる話題になっていき、最終的には自由に話せる話題になっていくなら、そのとき、当初の問題は改善する方向に動き始めているものです。この青年の場合であれば、元気が回復し、授業に集中できるようになり、バイトでも以前のように動けるようになり、成績も回復し始めます。これだけで問題がすべて解決するとは限りませんが、解決のための重要な基礎が築かれます。

13　精神分析　自由連想法と解釈

精神分析は、その百数十年の歴史を通して、世界のあちこちでダイナミックに発展してきました。その結果、現在では「精神分析」という名称は、かなり多様な学派内学派を含み持つ、大きな傘のような概念となっています。しかしなお、精神分析という大きな傘の下にある多様な学派には、それぞれに多少の温度差はあるにせよ、かなり共通した考え方があることも確かです。それはたとえば、治療過程を「無意識」を探究する過程と考えること、そのために分析家はクライエントに「自由連想法」と呼ばれる面接の進め方をすること、最も重要な分析家の働きかけは「解釈」だと考えること、中でも「転移」の解釈を重視すること、などです。

ここでは精神分析的な面接技法の基本として、自由連想法と解釈についてお話ししましょう。

精神分析家は、人が専門家のところに持ち込むような悩み事の解決には、その人の無意識の心理の理解が有用であり、しばしば不可欠であるということを見出してきました。キャリアカウンセリングにおいても、もしクライエントが、自分が何を問題にしており、何に価値を置いており、何を求めていて、どんな感情を抱いているのか、といったことをすべてよく分かっているのであれば、進路の選択もサクサクとできるでしょうし、エントリーシートもジョブカードも書けることでしょう。そうであれば、業界情報、企業情報、求人情報などの情報を収めた情報端末さえ用意しておけば、キャリアカウンセラーなどいなくても、就職であれ、転職であれ、クライエントは自分でどんどん事を進めていけるでしょう。

しかし現実はそうではありません。人は、自分が何を感じており、何を欲しており、何を考えているのか、必ずしもいつも十分に意識できているわけではありません。しかも、十分に意識できていない感情、欲求、考えは、どうでもいいような些末なものばかりではありません。相談の現場で出会うのは、その人にとってきわめて重要な感情や欲求や考えが十分に意識されないままになっているようなケースです。そしてその人は、そのために大きな問題を抱え込んでしまっているのです。なぜこのようなことが生じるのでしょうか。

人生の成り行きによっては、不幸なことに、心に浮かんでくるさまざまな感情や欲求や考えのうち、ある種のものが、その人を脅かす、辱める、落ち込ませるように感じられるものとなる場合があるからです。そうなると、人は、そうした感情や欲求や考えが心に浮かんできたとき、反射的にそれを遠ざけてしまうようになりがちです。つまり、感じないように、考えないようにしてしまうのです。そしてそのとき、感じないように、考えないようにしているということ自体も、本人には気づかれません。これらの心理過程はほぼ自動的、反射的に生じるのです。

一つ例を挙げてみましょう。二〇代の女性のA子さんは、とてもしっかり者で、いつもきっちり仕事をしています。遅刻してくることもないですし、会議の資料が抜けているなどということもありません。いつもかなり早くから周到な準備をしているのです。しかし、A子さんは、忙しい毎日を送るうちに、頭痛や不眠に悩まされるようになりました。心療内科を受診してみたところ、ストレス性のものではないか、カウンセリングを受けてみたらどうかと言われました。A子さんには、ストレスと言われてもよく分からないし、カウンセリングで何を話したらよいのかもまったく分かりませんでした。

このようにして始まったカウンセリングでしたが、A子さんは、カウンセラーから、何でもこの場で思い浮かぶことを思い浮かぶままに話してよいと言われ、戸惑いながらも、思いつくままに仕事のことや、家族のこと、人間関係のこと、などを話していきました。

A子さんは、仕事は頑張ってきちんとやらないといけないという話を力説しました。そして適当にしか仕事をしない同僚に対する不満を述べました。ミスしても、上司から許され、むしろ可愛がられてさえいるように見える後輩のことを、憤りをもって話しました。そういう話をしながら、あるとき、Ａ子さんは泣きそうになりましたが、はっと気を取り直し、涙は見せずに面接を終えました。カウンセラーは、Ａ子さんの話を聴く中で、これらさまざまなエピソードから、そしてＡ子さんの話しぶりから、次のような考えを持つようになりました。Ａ子さんは依存したい、甘えたい、弱音を吐きたいといった欲求を潜在的に抱いている。けれども、彼女は、依存することを何かよくないことと感じているようで、それを意識して感じると、不安になってしまうようだ。

そこでカウンセラーは、タイミングを見計らって、あるとき、次のように伝えました。「お話を聴いていると、あなたは、その後輩の子が羨ましいのかなと思いました。あなたの中にもそんなふうに人に頼ったり、依存したりしてみたいっていう気持ちがあるのかなと感じました。でもそんなふうに感じることは、あなたにとってはよくないと感じられること、不安を引き起こすことみたいですね。だからそういう気持ちをぎゅっと抑えて、一人でしっかり完璧に準備する。完璧に準備することは、あなたにとって、依存を避ける方法でもあるみたいですね」。

この例で、カウンセラーはクライエントに、基本的に自由に話させています。カウンセラーが問診するように会話をリードして進めるのではなく、クライエントに話させています。このような面接の進め方が「自由連想法」です。面接を受けることになった問題と関連があるかどうかとか、この場で言うのは社会的に適切かどうかとか、こんなことを言ったら変に思われるんじゃないかとか、そういった心の検閲をすべて脇に置き、心に思い浮かぶことを思い浮かぶままに話してもらいます。ちょうど、列車で窓際の席に座って旅している人が、窓の見えない席にいる人に、窓から見える風景を話して聞かせるみたいな感じです。

そのような話し方をしてもらうことで、カウンセラーにはクライエントの無意識の心の動きが理解しやすくなります。逆に言うと、そのような話し方をしてもらわなければ、クライエントの無意識の心の働きは見えてきにくいのです。事務的で、効率的で、目的的な会話では、クライエントの無意識の心の動きは現れてきにくいでしょう。何が出てきてもよいような緩い構造の中でこそ、普段は抑えられている感情、欲求、考えが動き出し、現れてきやすくなるのです。

そもそも、クライエントは自分の無意識の心について、自分から語るとは期待できません。というのも、それは無意識だからです。だからそれはカウンセラーによって推論されるしかない種類のものなのです。

自由連想法の中でクライエントの語ることを聞き、カウンセラーはクライエントの無意識の心の動きを推測します。ある程度、推測ができてきたら、それを仮説としてクライエントに提示します。それを「解釈」と呼びます。解釈は、クライエントの洞察、つまり気づきを導くものであり、精神分析の伝統では最も重要な介入と考えられています。

安や恥や自己非難を引き起こしてしまうでしょう。それはクライエントにとって苦しいことですから、当然、クライエントはこうしたカウンセラーの働きかけに対して抵抗します。

たとえば、先の章に示した、とても自立的なA子さんの例で、カウンセラーがA子さんに単に「あなたは、本当のところは、人に頼ったり、依存したりしたいんでしょう」と解釈すると、A子さんは「そんなことありません！」とむきになって強く否定するかもしれません。あるいは「確かにそういうことはあるかもしれませんね」と表面的には認めるものの、すぐに話題を換えてしまい、真剣に考慮しようとしないかもしれません。

こうした現象は、気づきをもたらそうとするカウンセラーの努力に対する、クライエントの自然な反応です。精神分析においては、これを「抵抗」と呼んで注目します。

抵抗は、気づきをもたらそうとして取り上げている内容が、クライエントにとって確かに不安や恥や自己非難をもたらす苦痛な内容であることを示すサインです。ですから、抵抗はその精神分析治療がうまくいっていることを示すサインでもあるのです。とはいえ、単に抵抗を引き起こしているだけでは、カウンセリングは行き詰まってしまいます。クライエントに苦痛をまったく感じさせずに面接を進めることはできないでしょうが、抵抗をいたずらに高めず、クライエントに受け容れ可能なレベルに抑えながら進める必要があります。そして、それこそがカウンセラーの腕の見せ所なのです。

解釈において、単にクライエントが気づきから遠ざけている内容を指摘するだけでなく、気づきから遠ざける理由や、気づきから遠ざける具体的なやり方にも触れることは、抵抗を引き下げながらそこに触れていくための工夫の一つです。先の例では、カウンセラーはA子さんにこう言うことができるでしょう。「お話を聴いていると、あなたは、その後輩の子が羨ましいのかなと思いました。あなたの中にもそんなふうに人に頼ったり、依存したりしてみたいっていう気持ちがあるのかなと感じました。でもそんなふうに感じることは、あなたにとってはよくないと感じられること、不安を引き起こすことみたいですね。だからそういう気持ちをぎゅっと抑えて、一人でしっかり完璧に準備する。完璧に準備することは、あなたにとって、依存を避ける方法でもあるみたいですね」

この解釈では、カウンセラーは、ただ単にA子さんが気づきの外に追いやっているものに気づかせようとしているのではありません。複数の要素を結びつけながら、A子さんの心の動きは全体としてよく理解できるものだというメッセージを伝えています。A子さんの不安にも触れながら、A子さんのしていることを理解できることとして意味づけているのです。カウンセラー自身がA子さんのしていることを受容していることが伝わるので、不要な抵抗が取り除かれるのです。そのようにして抵抗を最小限に抑えながら、しかしなお、不安を伴う内容にしっかりと触れているのです。

こうした工夫を凝らしてもなお、A子さんが心を開かないこともあるでしょう。話題を変えたり、次の回にはすっかり忘れてしまっていたり、などです。こうしたとき、そのこと自体を取り上げます。「依存したいという気持ちについては話題にしにくい（心に留めておきにくい）ようですね。他の話題のときとはあなたの反応がちょっと違うようです」などというように、です。このように抵抗の現象を取り上げて、それを話題にし、そこからクライエントの無意識の心の理解を深めていこうとする介入を、抵抗の分析と言います。

クライエントが、自分が面接場面でどのように抵抗しているかに気づくなら、それ自体が治療的に非常に大きな意味を持ちます。抵抗に気づくことは、抵抗を緩める効果をもたらします。そしてその結果、カウンセラーがもともと気づかせようとしていたものが、気づきに上ってきやすくなるのです。

抵抗は、当初、精神分析の克服すべき「敵」と見なされました。しかしやがて、抵抗は精神分析の治療過程における必然であり、注意深く見出して分析すべき対象であると考えられるようになりました。抵抗するクライエントと敵対せず、抵抗を、不安や恥などの何らかの否定的感情の体験を避けようとする自然な心の動きとして理解していくことが大切です。そこに温かい注目、好奇心や関心を注ぐことが大切です。決して犯罪を曝こうとする刑事のような厳しい目を向けるのではありません。

15 精神分析　転移の分析

これまでに見てきたように、心の問題の本質的な部分は、その性質上の必然からして、本人自身が直接的に言葉にして語ることのできないものです。人は、何らかの欲求が心の片隅に浮かんだとき、何らかの考えが脳裏をかすめたとき、何らかの感情の兆候を感じたとき、何らかの特定の身体的感覚を感じたとき、不安や恥や自己非難を感じるようになってしまうことがあります。そうなると、ほんのわずかの不安や恥や自己非難を感じただけで、そうした欲求や考えや感情や感覚の体験を避けるような操作をしてしまうのです。そこに注意を向けないようにしたり、別のことを考えたり、そうした欲求や感情や考えや感覚を引き起こすような活動を避けたりします。こうした操作はきわめて反射的かつ自動的に生じます。そのことは短期的には安心をもたらしますが、長期的にはさまざまな弊害をもたらすでしょう。それこそが、その人が精神分析家のところに相談に来ることになった主な理由だと考えるのです。

しかしながら、当人は自分が不安や恥や自己非難などを避けるためにそのような操作をしていることに気がついていませんから、それを直接、話すことはありません。

これまでのところでは、精神分析家は、クライエントに自由連想をしてもらい、そこから無意識の心の内容を推測していくのだと説明してきました。もちろん、話の内容だけから推測するわけではありません。話しぶり、つまり声のトーン、視線、姿勢などのあり方やその変化も重要な手がかりです。なぜある話題は詳しく明確に話し、別の話題では曖昧なのか。なぜある話題は饒舌に話し、別の話題はつっかえがちに話すのか。なぜある話題では伏し目がちになるのか。なぜある特定の話題を毎回くどくどとしつこく話すのか。なぜ当然、重要だと思われるある話題にはまったく触れようとしないのか。そういったことも重要な手がかりです。けれども、クライエントが直接には語りえない無意識の心理を理解するための手がかりとして、精神分析が最も重視しているのは、これらではありません。もちろんこれらも重要ですが、それ以上に重視されるのが「転移」です。

転移という用語もまた、立場によってかなり多様な意味で用いられています。とはいえ、共通する中核的な意味は、クライエントの過去における重要な人間関係の体験が、カウンセラーとの間で、何らかのやり方で反復されるようになる現象を指すものです。なぜこうした現象を「転移」と呼ぶのかというと、そこでは「過去の重要な人物との間の関係における体験が、現在の面接場面のカウンセラーとの関係に転移されている」と見なすことができるからです。転移は、無意識の心理が表現される道筋の一つであり、治療上、最も重視されるものです。

なぜ転移は、治療上、最も重視されるのでしょうか。それは、転移が、クライエントの無意識の心理がカウンセラーとの今ここの人間関係においてまさに表れてきたものだからです。そして、それゆえにこそ、転移の現象をうまく利用すれば、カウンセラーはクライエントの無意識の心理に今ここで直接に影響力を及ぼすことができるからです。

少し理論的な説明が長くなったので、具体的に例を挙げて説明しましょう。Bさんは、入社してまだ一年にも満たないのですが、カウンセリングルームを訪れて、つらい、もう辞めたいと泣きながら訴えます。Bさんはもともと人の目を気にする性格でしたが、入社以来、ちょっとしたミスが続くにつれ、その傾向がひどくなり、周りから出来の悪い奴だと見られているように感じるようになりました。また、上司からも見放されているように感じられて、出勤することも怖くなってしまいました。

カウンセリングを進めていく中で、Bさんは、周りの冷たい視線や、ミスをとがめる上司の視線について、毎回、詳しく話しました。そうした話の合間に、Bさんは、子どもの頃から、両親に褒められた記憶がほとんどないという話をしました。次第にBさんは、両親からいかに無理な期待を課されてきたか、そして失敗するたびに怒られ、失望されてきたか、という話をするようになりました。

Bさんは毎回のようにカウンセラーに「すみません、つまらない話ばっかりで」と言っていました。ある面接で、Bさんは珍しく長く沈黙しました。カウンセラーが今、心に浮かんでいることをありのままに話してみるよう頼んでも、Bさんはなかなか話そうとしません。カウンセラーは、「何かここで私に言いにくいと感じられるようなことが心に浮かんでいるのでしょうか。そういうことこそ、少し思い切って言ってみてください。ここでは思い浮かんだことを何でもありのままに話してもらうことが大切なんです」と促しました。Bさんはなおしばらく躊躇していましたが、とうとう思い切ったように「すみません。先生は、私が同じような話ばっかりして全然よくならないので、いいかげん、がっかりしているんでしょうね」と言いました。

さてここで、Bさんの面接で起きていることを検討してみましょう。Bさんは、現在の生活環境において、周りの人からがっかりされているように感じ、とてもつらく感じています。またBさんは、子ども時代に両親からがっかりされてきたと感じ、とてもつらく感じています。さらにBさんは、面接の今ここにおいて、カウンセラーからがっかりされていると感じ、とてもつらく感じているのです。このように、クライエントの生活場面で現在生じている問題は、過去の重要な人間関係における苦痛な体験が新たな舞台で再現されたものとして理解できることがよくあります。過去の重要な人間関係における苦痛な体験が、十分にその人の心の中に受け容れられていないとき、その人はその体験を反復してしまいがちになるのです。

Ｂさんは、遠い昔、お父さんやお母さんに褒められよう、認められようと、とても頑張ったのでしょう。けれども、いくら頑張っても、人間ですから完璧というわけにはいきません。Ｂさんは、両親からちょっとしたミスを指摘され、がっかりされるように感じる体験をしました。Ｂさんはその体験に傷つき、不安を感じ、それを避けようとするようになりました。つまり、さらに頑張るようになると同時に、いつも人からミスを指摘されないか、がっかりされないかと警戒するようにもなったのです。子ども時代に両親との間で形成されたこうしたパターンは、全体として長年にわたって維持されてきたのです。

Ｂさんに必要なのは、自分が誰かからがっかりされているかもしれないという体験を十分に味わって、それでも大丈夫なんだと感じられるような体験です。そういう体験をすることによって、Ｂさんはがっかりされる体験を受け容れることができるでしょう。もちろん、こうしたからくりを理解することも役に立ちます。

こうしたＢさんの過去の重要な人間関係における未消化の体験は、面接場面の今ここにおいても再現されるようになります。つまり、カウンセラーとの関係においても現れてきます。それが先ほど紹介した場面であり、そこに認められる現象が「転移」です。

カウンセラーは、Bさんに穏やかにこう言いました。「あなたは私からがっかりされることが怖いんですね。私があなたにがっかりしたら、それはあなたにとってどんな意味があるんでしょうか?」

そうやってカウンセラーは、Bさんが今ここでリアルタイムに湧き起こっている怖さに触れていくよう促しているのです。心を開いてオープンに怖いことに触れ、感じ、表現していくよう促しているのです。それを避けるのではなく、それを見つめ、理解していくことを助けているのです。そうやって不安を引き起こす内容に直に触れていくことで、不安を乗り越えることを促しているのです。

転移の現象においては、クライエントの心の中に不安を引き起こすような内容が、面接場面の今ここの文脈においてリアルタイムに生じているのです。クライエントは、かつて、どこかで不安を引き起こした内容について説明しているわけではありません。まさに今ここで、現に不安を引き起こす内容を体験しているのです。そしてその不安を引き起こす文脈にはカウンセラーも含まれています。そのことが、この不安を扱っていく上で、決定的に重要なのです。転移においては、カウンセラーはクライエントの不安に直接的に働きかけることができるからです。

「あなたは私からがっかりされることが怖いんですね。私があなたにがっかりしたら、それはあなたにとってどんな意味があるんでしょうか？」というカウンセラーの質問に続くやり取りを見てみましょう。


「がっかりされたら、もう生きていけない、もう終わりだって感じがします。自分には全面的に何の価値もないような気がします。お母さんがよく言ったんです。そんなんじゃ生きていけないよって」

「そういう過去のお母さんの言葉が心に浮かんであなたを捉えるんですね。それで、私からがっかりされたら、もう生きていけないという意味になっちゃう？」

「別にそんなことないっていうことぐらい、頭では理解しています。でもなんだかそんな気がしてしまうんです」

「あなたはこうして落ち着いていてしっかり考えられるときには、たとえ私があなたにがっかりしたとしても、もう生きていけないわけじゃない、別にどうってことないって、ちゃんと理解している。でも、気をつけていないと、がっかりされたらどうしようと不安になってきて、いつの間にか気がついたら、がっかりされたらもう生きていけないっていう考えに取り憑かれ、支配されてしまうんですね」

「そうです。がっかりされてもどうってことないとは、なかなか思えないですね」

「じゃあ、がっかりされたらどうなりますか？　あらためてじっくり感じてみると？」

「…悲しい。淋しい。取り残される。ひとりぼっちになる(涙)…そんなふうに感じるなんて、初めて知りました。私はがっかりされると、淋しいんだ。不思議だけれど、少し落ち着きました」

こうした心理的な作業は、職場の人間関係や、過去の親子関係を題材にしながらでもできないことはないかもしれません。けれども、カウンセラーが直接に関与している今ここでの人間関係の題材は、こうした作業を進める上で特別の価値があります。というのも、クライエントは実際にそこでカウンセラーからがっかりされたとしても、なお大丈夫だという安心感や支えの感覚を目の前のカウンセラーから提供されているからです。

16 アドラー心理学

アルフレッド・アドラー（一八七〇〜一九三七）によって創始された実践的な人間知の体系は、「個人心理学」というのが正式名称ですが、一般にはアドラー心理学として知られています。アドラーは精神分析を創始したフロイトより十四歳若く、一時期はフロイトとともに精神分析の研究をしていました。しかし、アドラーの考えはフロイトのそれとはかなり異なっているところが多かったために、精神分析の発展の初期において、アドラーは精神分析から離脱して独自の立場を築くことにしたのです。

実際のところ、アドラー心理学は、精神分析の影響を受けてはいるものの、全体としては精神分析とは基本的にかなり異なったものです。アドラー心理学を精神分析から早期に枝分かれした一流派と見なしている教科書もありますが、それは妥当な見方とは言えないでしょう。本書でも、便宜上、概観においてはアドラー心理学を、精神分析を中心とした心理力動的な諸学派の中に含めて説明しましたが、それすらかなり便宜的な分類だと言えます。アドラーの考えは、後に登場したさまざまな心理療法の先取りであったと言える面がかなりあります。現在、アドラー心理学とはまったく無関係とされているさまざまな心理療法の学派のあちこちに、アドラーが提示した考えと事実上同じ考えが認められるのです。ただし、そこにアドラーの名前への言及はありません。心理力動的な心理療法の初期の歴史を概観したエレンベルガーは、こうした事情に触れて、「一言の断りもないままに各方面からこれほどまでに多くのものを剽窃された人は、アルフレート・アドラーをおいて他にあまり例をみないのではないだろうか」と述べています。

さて、アドラーの考え方には非常に重要なものがいろいろありますが、ここでは目的論と共同体感覚の二つに絞ってお話しすることにしましょう。

まずは目的論から。通常、われわれは、なぜある行動をしたのか、なぜある感情を感じたのかの説明を求められると、過去の出来事を原因として説明しがちです。たとえば、部下が重要な仕事で単純なミスをしたとき、カッとなって怒鳴りつけてしまったというような場合を考えてみましょう。部下がつまらないミスをしたから、怒鳴ってしまったんだというように、「怒鳴る」という行為の原因は、その直前の出来事である「部下のミス」にあるというように説明されることが多いでしょう。

仕事で挫折したからうつになったとか、小さい頃にいじめられたから引っ込み思案な性格になったとか、かつて友達に裏切られてひどく傷ついたから友達を作ることが怖くなってしまった、などの説明もまた同様です。私たちは、何か問題があるとき、その問題の原因を過去の出来事に探し出そうとします。常識的な発想においては、行動や感情の原因は、それに先立つ過去の出来事にあるということが前提になっているのです。

これとは対照的に、アドラーの見方は、問題となっている行為がどのような目的に奉仕しているかに注目します。たとえば、部下を怒鳴りつけている人は、部下に力を示し、怯えさせ、支配したいという目的を持っているのではないかと推測します。怯えさせて支配することを目的として怒鳴っているのだと考え、ミスをしたことが原因で怒鳴っているのだとは考えません。過去に原因を求めるこのような説明を、アドラーはもっともらしい説明、偽の説明だと考えます。というのも、同様の場面で部下がミスをしても、怒鳴りつけない上司もたくさんいるからです。部下に力を示し、怯えさせ、支配するという目的を持っていない上司であれば、たとえ部下が大事な仕事でミスをしたとしても、怒鳴りつけたりはしません。

アドラー派の人たちに言わせると、精神分析の基本的な発想は原因論だということになります。確かに、精神分析にはクライエントが訴える現在の問題を、過去に遡って探究していく傾向があります。精神分析家の目は、主にクライエントの生育史上の過去に向かって注がれていると言えるでしょう。アドラー心理学では、クライエントの問題行動や感情状態は、それが現在の対人関係の文脈においてどのような目的を果たしているかに注目します。そしてこの目的は、まずたいていの場合、その当人にとっては自覚されていないものです。カウンセラーが探究し、見出していく援助が必要です。

もちろん、過去の出来事には何の影響力もないと言うわけではありません。過去の出来事は、現在の行動や感情に影響を及ぼします。けれども、過去の出来事は決して単純に自動的に現在の行動や感情を決定しているわけではないということをしっかりと認識する必要があります。その人が、過去の出来事にどのような意味を付与しているか次第で、同じ過去の出来事もまったく違った行動や感情を導きます。それゆえアドラーは、過去がどうであれ、その行動や感情は、当人の選択によって生じたものだと考えます。

このような考え方は、あまりにも個人に大きな責任を負わせ、追い詰めるもののように感じられるかもしれません。大きな挫折を経験して憂うつになって動けなくなっている人に、そんなふうに落ち込んでいるのは挫折の経験のせいではない、あなたが憂うつになることや動かないことを選択しているのだと言い放てば、冷酷に響くことでしょう。しかしアドラーの意図は、そんなふうにその人の責任を追及し、断罪することにあるわけではないのです。むしろ、どんなつらい過去があったにせよ、どう行動するか、どう感じるかは、今、自分自身で選ぶことができるものなんだ、だから、あなたにとって望ましい行動ができるよう、望ましい感情が感じられるよう、取り組んでいこうよ、と励まそうとすることにあるのです。

もう一つ、アドラー心理学に特徴的で、重要な概念として「共同体感覚」を紹介しておきたいと思います。この概念を紹介するにあたって、関連するアドラーの個人的背景を少しお話ししておくのがよいでしょう。第一に、アドラーは社会主義に対する強い関心を抱いていました。アドラーは、面接室でクライエント個人の心理的な問題を治療することだけでなく、社会をよくしていくということにも強い関心があったのです。これは、アドラーにとって、個人の心の治療と社会の改革とは切り離せないものだったことを表しています。このこととも関連して、フロイトの精神分析は基本的に富裕層のクライエントを対象としていた一方で、アドラー心理学は中流から下層に至る幅広いクライエントを対象としていたということもよく知られています。さらには、アドラーは、いわゆる象牙の塔と形容されるような権威的な学術的サークルを好まず、町中のカフェで議論することを好んだそうです。アドラーは、興味や熱意のある人は、学歴や資格を問わず、誰でも参加を歓迎しましたから、アドラーの活動には多くのクライエントたちも一緒に加わっていたといいます。

このように、アドラーは、社会的弱者に対して積極的な関心を示し、社会階層を分け隔てしませんでしたし、治療者とクライエントをも分け隔てしませんでした。アドラーにとっては、そうした境界を越えて協力し合うコミュニティこそ、アドラー心理学の活動にふさわしいものだったのでしょう。

こうしたアドラーの生きざまは、アドラー心理学の考え方を反映するものでもあります。アドラーは、個人が健康に幸せに生きるためには、社会に積極的にコミットし、寄与することが必要だと考えました。自分の健康や幸せのためには、自分は一人で生きているわけではなく、社会の一部なのだという感覚が育っていることが必要なのです。また、自分をありのままに受け容れた上で、その自分のありのままの存在が社会に寄与するものであるという感覚、他者は敵ではなく仲間であると感じられる感覚が育っていることが必要です。こうした感覚がしっかりと育っていれば、社会に寄与することは、たとえそこに明確な見返りが伴っていなくとも、つまりそこに直接的な自己利益がなくても、喜びをもたらします。そういう人は、仲間とともにいる感覚をもって、安心して幸せに生きることができます。

それに対して、いつも自分の利益ばかりを第一に考えるような人は、自分の利益にかなうときだけ他者と協力します。そういう人は、他者も他者自身の利益にかなうときにだけ自分と協力するのだと考えます。そうなると、他者との関係は、利用するか、利用されるか、ということになってしまい、人間関係はいつも緊張を孕んだものとなってしまいます。これでは幸せな人生を歩むことは難しくなってしまうでしょう。

たえず他者との勝ち負けを気にする人も、他者を仲間ではなく競争相手と見なしています。こういう人にとっては、人との関わりは敵との関わりですから、やはり安心して生きることは困難になってしまいます。

他者の目を気にして、他者の承認を求め、いつも気を遣って生きているような人はどうでしょうか。こういう人は、一見すると他者のために生きているように見えるかもしれません。けれども、こういう人は、他者に自分のことを認めてもらう手段として他者に寄与しているという意味で、自分のことを第一に考えています。積極的に他者に寄与する気持ちは乏しいのです。こうした人も、安心して幸福に生きることは難しいでしょう。

社会に寄与し、他者に与えることを自然なことと感じる感覚、そのことに喜びを感じる感覚、自分を大きな社会の一部として感じる感覚。アドラー心理学ではこういった感覚を「共同体感覚」と呼んで重視しています。

アドラー心理学では、単に不安がなくなればよいとか、症状がなくなればよいとか、問題行動が減ればよいなどと考えるのではなく、そうしたことが共同体感覚の高まりと手に手を取って生じることが必要だと考えます。

取り立てて何らの心理的な症状や問題行動を呈していなくても、共同体感覚が育っていない人は、世の中にはたくさんいます。自分の権利ばかりを主張し、困っている人がいても「自己責任だろう」と見捨てるような意見が強い現代社会においては、ますますそういう人が増えているようにも見えます。自分の利益ばかりを追求して他者や社会を省みない人は、病気ではないかもしれませんが、決して健康ではなく、幸せでもないでしょう。たとえ社会的に成功し、経済的に豊かな暮らしをしていたとしても、心は健康ではなく、幸せでもないでしょう。アドラー心理学は、そういう人が人生のクオリティを高めていこうとするときにも、貴重な示唆を与えてくれます。

17　ユング心理学

ユング心理学は、スイスのチューリッヒを中心に活動したカール・グスタフ・ユング（一八七五～一九六一）の心理学に対する一般的な名称です。ユング自身は、自分の心理学を「分析心理学」と呼んでいました。

ユングもまた、精神分析の黎明期においてフロイトの精神分析のサークルに加わっていましたが、考え方の違いから初期の段階で決別し、自分自身の立場を確立しました。ユング心理学は、基本的に無意識を探究する心理学であるという点ではフロイトの精神分析と共通するところも多いのですが、多くの重要な点で異なっています。

たとえば、精神分析は、個人の人生上の体験によって生じた無意識を重視します。個人が生きている中で、甘やかされたり、満たされなかったり、傷ついたりなどした結果、特定の欲求や願望や思いが、あるいは記憶が、不安をかき立てるものとなり、意識に上らなくなってしまうという現象を重視します。ユング心理学では、もっと大きなレベルで無意識を構想します。普遍的無意識という概念がそれです。普遍的無意識は、個人がさまざまな経験をした結果、意識に上らなくなった内容からなる心の領域ではありません。それははじめから無意識であって、意識の光の及ばない心の領域です。それは、さまざまなイメージやインスピレーションを生み出す創造性の源であると同時に、さまざまな心の病気や問題をもたらす心の闇でもあります。

普遍的無意識は、元来、よいものでも悪いものでもありません。ただ人の心の自然なのです。それをよいものにするか、悪いものにするかは、それを意識がどう受けとめ、どう関わっていくかによるのです。

なぜ「普遍的」無意識という名前がついているのかと言うと、そこに人類に普遍的な内容が認められるからです。そうした普遍的な内容を、ユング心理学では元型（アーキタイプ）と呼んでいます。代表的なものに、影（シャドウ）、アニマ、アニムス、老賢者、グレートマザーなどがあります。これらの内容は、文化や時代を超えて神話や昔話や芸術作品に登場しますし、夢の中にも表れます。

たとえば影についてお話ししましょう。影は、その人が成長する中でうまく発達させてきた心の領域（意識的な人格）とは反対の性質を表す元型です。影は、自分にとっては受け容れがたい価値や、認めがたい生き方、自分が生きてこなかった自分の可能性を表現しています。影が活性化されると、それはしばしば生活場面における不快な人物として現れてきます。たとえば、まじめできちんとしている人にとっては、甘え上手な生き方は影になっていることがよくあります。身近にいる甘え上手な人物が、すごく気になったり、しゃくに障ったりするようなら、自分の心の中の影が強くなっているのかもしれないと考えてみるとよいかもしれません。影を統合することが今の自分の課題になっているのではないかと考えてみるのです。今まで自分は人に甘えるということをきちんと考えてこなかった、そういう欲求を生きてこなかった、そのことが問われているのだと考えてみるのです。

アニマは男性の中の女性像、アニムスは女性の中の男性像です。アニマやアニムスもまた、それが活性化されると、現実の世界における異性に投げかけられることが多いです。異性との関わりを通して、アニマやアニムスと関わり、またアニマやアニムスとの関わりを通して異性と関わる、そういう視点を持つことによって、異性との関わりを豊かにし、また、心を豊かに成長させていくことができます。

ユングは、神話、おとぎ話、昔話などには、普遍的な心のテーマが描かれていると考えました。それゆえ、ユング心理学に基づくカウンセリングでは、実際に神話や昔話をよく用います。たとえば、クライエントが語る悩みの中心的なテーマが、家族の中あるいは兄弟の中で自分だけが違っており、両親から認められず、兄弟からも虐げられたというようなものであったとすれば、カウンセラーは、あなたの悩みはアンデルセン童話の『みにくいアヒルの子』のテーマだと感じたと言うかもしれません。そしてその童話を一緒に読んでみるかもしれません。このような作業によって、クライエントは、自分の悩みがこの世界でまったく自分一人の異常な悩みなどではなく、世界中の人々に共感されうる普遍的なテーマなのだと知ることになります。同時に、童話のシンプルなストーリーは、たいていの場合、深い情緒への接触を促進します。

ユング心理学では、人の心が変化する過程において、イメージがいかに重要な役割を果たしているかを重視します。ですから、夢分析も重要なカウンセリングの方法です。箱庭を用いてそこにイメージを表現する箱庭療法も、ユング心理学に基づいていることが多いです。

ユングは人生を個人の自己実現の過程だと考え、心理療法はこの過程を助けるものだと考えました。このとき、ユングの言う「自己」は、日常語で言う自己とは違いますし、一般心理学で言う自己とも違います。ユング心理学の用語法では、意識的な人格を統合する主体は「自我」と呼ばれ、これに対して、意識も無意識も含めた全体の中心を表象するものが「自己」と呼ばれます。したがって、ユング心理学における自己実現とは、意識的な主体である「自我」つまり「私」がどう生きたいかとか、どうしたいか、とかいうことに関わる話ではないのです。そうではなくて、意識も無意識も含めた大きな全体の中心である自己がどこに向かおうとしているのか、何を実現しようとしているのか、ということに関わる話なのです。それは、往々にして自我の意志とは異なったものであり、ときには破壊的なものでさえあります。

たとえば、目立たず、おとなしく生きていきたいと思っている人がいるとしましょう。その人が、なぜかパニック障害になってしまいました。この人は、パニック障害の治療のためにカウンセリングを受けるようになります。彼は、カウンセラーの助けもあって、仕事上、前に出る役割に選ばれなかったという出来事の後、パニック発作に襲われるようになったことに気がつきました。意識としては、彼は選ばれなかったことをホッとしたのです。けれども、深く心の中を探っていくと、それ以来、心の片隅で、それでいいのかと問うかすかな声がするようになっていたのでした。彼が、常に目立たないようにするのではなく、苦手ながらも前に出て活動することにも挑戦してみようと決心したとき、パニック発作は消失したのです。

このようなカウンセリングの過程を理解するとき、ユング心理学の自己実現という見方が役に立ちます。この人の「自我」は、あくまで目立たずおとなしく生きていこうとしていたのです。しかし「自己」は、そんな「自我」を壊してでも成長することを望んだのです。彼の心の全体の中心である「自己」は、人前に立って活動する潜在的な能力を実現する方向に向かって動き出していたのです。こうした「自己実現」に「自我」がうまく適応できなかった結果、パニック障害という問題が出てきたのです。つまり、このクライエントにとって、パニック障害は、自己実現の過程の一部だったのです。言い換えれば、大いなる「自己」が実現していく道筋で、自我が挙げた悲鳴のようなものだったのです。

このようにユング心理学では、無意識には深い叡智とでも呼べるようなものがあり、それは自我を超えたものであると考えられています。ユング心理学はスピリチュアルな次元に関わるところがありますし、東洋思想とも深いつながりがあります。

18 統合的アプローチ

以上、代表的な心理カウンセリングの学派をごく簡単に紹介してきました。それぞれの学派は、一つ一つが複雑な体系をなしており、学べば学ぶほど、広がっていくものです。一つの学派でさえ、本当に習熟するには年単位の学習を要することが多いでしょう。

何より、心理カウンセリングを学び始める人を混乱させるのは、ある学派で推奨されていることが、他の学派では否定されていることがよくあるということです。クライエントに明確な指示を与えたり、クライエントが目標に近づいているときに褒めたりすることを推奨する学派がある一方で、そういうことを禁じている学派もあります。クライエントの感情に注目して話を聞き、感情について取り上げて話し合うことを推奨する学派がある一方で、クライエントの考えに注目して話を聞き、それについて話し合うことを中心にすべきだと考える学派もあります。こうした学派間のあからさまな違いに出会うとき、初学者が混乱してしまうのは当然です。

一世紀あまりのその歴史の大部分において、心理カウンセリングは、全体として統一された体系を目指すものではなく、個々の学派としてそれぞれに発展してきたというのが実情です。むしろ、学派間には闘争的な関係があり、他学派の理論や技術に対しては否定的であるか、無関心であることが多かったのです。

けれども一九八〇年代ごろから、この状況に変化が兆し始めました。学派の違いを踏まえた上で、学派を超えた、より大きなレベルでの議論が盛んになってきたのです。ある学派では禁じられている関わり方が、他の学派では推奨されているということは、どの学派に関してもあります。そしてなお、どの学派もクライエントを改善させる上で一定の効果を上げているのです。この事実を踏まえれば、どの学派にも利点があるとともに、補われるべき点もあるという結論が導かれるはずです。

学派を超えたより大きな視点から、心理カウンセリングの個々の学派を相対的に見ていく必要があるのではないか？　一つの学派に専ら忠誠を誓うような実践では、かえって盲点が生じてしまうのではないか？　一つの学派の理論的枠組みに縛られてしまうのではなく、複数の学派の見方や考え方や技法を矛盾なく包括できるような、より大きな枠組みを作っていく作業が必要なのではないか？　それぞれの学派は違いばかりを強調しているけれども、重要な治療的要因は、実は学派を超えて共通している要因にこそあるのではないか？　ある学派はあるタイプのクライエントに効果が高く、また別の学派はまた別のタイプのクライエントに効果が高いのではないか？　このように学派を超えて、より包括的な観点から心理カウンセリングを探究していくような問いへの取り組みが活発になってきたのです。

こうした考え方は、総称的に「統合的アプローチ」と呼ばれています。統合的アプローチにも複数の立場があります。代表的なものに「理論的統合」「技法的折衷」「共通要因アプローチ」「同化的統合」の四つが挙げられます。統合的アプローチについての書籍も徐々に増えてきていますので、詳しくは他書を参照してください。

いずれにせよ、現状において、初学者が心理カウンセリングを学ぶには、まずは代表的な心理カウンセリングの学派それぞれの特徴を簡単に理解した上で、差しあたりはどれか一つを選んでしっかり学ぶのが、混乱の少ない道筋だとは言えるでしょう。けれども、大事なのは、心理カウンセリング全体が持っている多様性をよく理解し、自分が学んでいる学派の特徴や位置づけを意識しておくことです。そうすれば、その学派の訓練において、してはいけないと教えられたことも、決して絶対的なことではなく、その学派の考え方の体系を維持し、その学派によるカウンセリングの効果を高めるための便宜上のことだということが分かるでしょう。そこにはその学派が発展してきた歴史的、文化的な背景も絡んでいることでしょう。もしかすると、そのやり方は単に創始者の好みに由来するだけで、そうでなければならない根拠など何もないかもしれないのです。

他学派に対してオープンであること。他学派の主張に興味や関心を持つこと。柔軟であること。こうしたことが心理カウンセリングを豊かに学んでいくために、とても大切です。学派の教えに絶対的な忠誠を誓えば、混乱は少なくなるかもしれませんが、学びは狭く貧弱になり、科学的な健全性が失われてしまいます。心理カウンセリングは、ときにスピリチュアルな体験を与えてくれますが、決してカルトでも宗教でもありません。

あとがき

いかがでしたでしょうか？　本書が、ほんの少しでも、相談現場にいるキャリアコンサルタントのみなさんのお役に立つなら、著者としてこれに勝る幸せはありません。

本文中でも触れましたが、現代社会のキャリア事情には、さまざまな複雑な問題があります。誰にとっても、生きがいを持って、また希望を持って社会に参加し生計を立てていくのは、必ずしも容易なことではありません。今は順風満帆に歩んでいる人も、いつ何時、キャリアカウンセラーの援助を必要とする状況になるか分からない時代です。そうした時代状況の中で、キャリアカウンセラーへのニードは高まる一方だと思います。そして、キャリアカウンセラーがそうしたニードにしっかり応え、社会からの信用を得て活動の場を広げていくためには、カウンセリングの知識・技術をもっと高めていく必要があると私は思います。

カウンセリングの知識・技術は、単にアタマで分かっているだけではダメです。それは、体験を通して身体で憶えていくことで、初めて実際に役立つようになるものです。ですから、その修得にはある程度の時間がかかりますし、試行錯誤も必要となります。そこが難しいところであると同時に、面白いところでもあります。

キャリアカウンセラーの仕事は、人の人生の重要な局面に立ち会い、その人が自らの生き方を振り返り、人生の航路を決していくのを援助することにあります。その仕事は、もちろん苦労も伴うものですが、他の仕事には代えがたい魅力がありますし、やりがいがあります。面白みや楽しみもあるでしょう。キャリアカウンセラーが生き生きとその仕事に取り組み、その仕事を通して力強く社会に参加することは、キャリアの問題に悩んでいるクライエントに希望を与えるパワーの源です。クライエントを援助することを通して、クライエントから力をもらい、クライエントと共に歩みましょう。その過程を楽しみましょう。

本書には、キャリアカウンセラーの方々にかなり明確に問題提起をしたり、厳しい注文をつけたりしたところもあります。挑戦されていると感じた方もいらっしゃるかもしれません。これらは、決してキャリアカウンセラーを責めるものではなく、むしろ一緒に考えてもらえればとお誘いするものです。それらのことは、今後、キャリアカウンセラーが社会から広く認知され、活動を広げていく上で、とても大事なことだと私は思っています。

最後に、本書が誕生する上でお世話になった方々に、この場を借りてお礼申し上げたいと思います。

まず、私にとっての、キャリアコンサルタントの方々との主な出会いの場である（公益財団法人）関西カウンセリングセンターの方々に感謝したいと思います。古今堂靖理事長、竹腰禎之事務局長代理、そしてキャリアコンサルタント養成講座担当の田中眞由美さん（二級キャリアコンサルタント技能士）は、キャリアコンサルタントの現状について、常にアップデートされた豊富な情報を与えてくださいました。キャリアコンサルタントの世界に必ずしも明るくない私が、養成講座や研修に関わることができたのは、これらの方々をはじめとするスタッフのみなさんのサポートのおかげです。

また、同じく関西カウンセリングセンターでのつながりで、大貫浩司さん（一級キャリアコンサルティング技能士）、辻彰彦さん（キャリアコンサルタント養成講座講師・前センター事務局長）には、本書の原稿を何度も読んでいただき、ご意見や励ましをいただきました。ありがとうございました。

他にもいちいち名前を挙げられませんが、多くのキャリアコンサルタントの方々との出会いが、本書を書くようにと私の背中を押してくれました。ありがとうございました。

また本書の刊行に際しては、北大路書房の安井理紗さんにお世話になりました。ありがとうございました。

二〇一六年　正月

杉原　保史

著者紹介

杉原保史（すぎはら・やすし）

一九六一年　兵庫県に生まれる

一九八九年　京都大学大学院教育学研究科博士課程　研究指導認定退学

現　　在　京都大学学生総合支援センター
　　　　　センター長・教授（教育学博士）

主著・論文

統合的アプローチによる心理援助　金剛出版　二〇〇九年

12人のカウンセラーが語る12の物語（共編著）ミネルヴァ書房　二〇一〇年

技芸（アート）としてのカウンセリング入門　創元社　二〇一二年

プロカウンセラーの共感の技術　創元社　二〇一五年

ほか多数

キャリアコンサルタントのための
カウンセリング入門

2016年 3月20日　初版第1刷発行
2019年 2月20日　初版第4刷発行

定価はカバーに表示してあります。

著　　者　　杉原　保史
発 行 所　　㈱北大路書房
〒603-8303　京都市北区紫野十二坊町12-8
電話　(075) 431-0361 ㈹
FAX　(075) 431-9393
振替　01050-4-2083

印刷・製本／創栄図書印刷㈱
検印省略　落丁・乱丁本はお取り替えいたします。
ISBN978-4-7628-2923-9　Printed in Japan